旅游研究前沿书系

城市品牌塑造模型研究

石凤玲◎著

RESEARCH ON THE MODEL OF
CITY BRAND MOLDING

全面回顾从品牌标识、品牌形象到品牌关系的诸多元素

创新探究网红城市、城市人设到城市IP的实践万象

系统实现从品牌到城市品牌的理论拓展与现实观照

旅游教育出版社
·北京·

图书在版编目（CIP）数据

城市品牌塑造模型研究 / 石凤玲著. -- 北京：旅游教育出版社，2022.8
（旅游研究前沿书系）
ISBN 978-7-5637-4414-5

Ⅰ.①城… Ⅱ.①石… Ⅲ.①城市管理－品牌战略－研究－中国 Ⅳ.①F299.23

中国版本图书馆CIP数据核字(2022)第104108号

旅游研究前沿书系
城市品牌塑造模型研究
石凤玲　著

策　　划	赖春梅
责任编辑	赖春梅
出版单位	旅游教育出版社
地　　址	北京市朝阳区定福庄南里1号
邮　　编	100024
发行电话	（010）65778403　65728372　65767462（传真）
本社网址	www.tepcb.com
E - mail	tepfx@163.com
排版单位	北京旅教文化传播有限公司
印刷单位	天津雅泽印刷有限公司
经销单位	新华书店
开　　本	710毫米×1000毫米　1/16
印　　张	11.5
字　　数	156千字
版　　次	2022年8月第1版
印　　次	2022年8月第1次印刷
定　　价	62.00元

（图书如有装订差错请与发行部联系）

致 谢

2016年，在距离旅游管理专业硕士毕业近九年以及参与旅游规划工作近十一年之际，内心总希望寻求一些新的挑战和突破。结合自己的专业背景和行业经验，发现在城市规划、旅游规划和城市传播、城市营销之间有一些可以结合之处，于是我把新的挑战和突破的方向确定为城市传播和城市营销方面。在阅读了一些传播学、广告学方面的书籍之后，在搜索城市传播和城市营销方面的相关信息时，发现了我的导师丁俊杰教授长久以来在广告学方面的成就和造诣，以及近年来在城市传播和城市营销方面的探索与开拓。此后经过一年多的学习和准备，终于有幸于2017年来到心仪的学科专业和导师门下开始我的博士研究生之旅。

三年时间，倏忽而逝。再回首时，要感谢的太多！

首先感谢我的导师丁俊杰教授。为师以德为尊，从备考到入学，丁老师的一言一行充分体现了公平公正和上善若水；而入学后的每一次指导，丁老师的一言一行又充分体现了谦虚谨慎和虚怀若谷。为师以道为贵，丁老师对于学生的指导不会拘泥于琐碎的细节，更多的是为我们指明大的方向；而结合我的专业背景和工作背景，丁老师又会对我的研究方向甚至是职业发展方向都给予高屋建瓴的指导。重返校园，能够遇上丁老师作为自己的导师，不只是读博几年的幸运，更是人生成长的幸事。

其次感谢我的爱人。当我写下"爱人"这两个字的时候，能够感受到指尖传来的温度和意义。作为学位论文致谢的一部分，我当然不能只是感谢他这几年给予我的贴心的后勤支持，也不能只是感谢他这几年伴随我的交心的共同成长，我还要感谢他虽然是理工专业背景，虽然不熟悉我的研究选题，但依旧以他理工专业的研究思路和研究方法给我以启发，依旧以他的经历和经验给我提供一个个体对于城市品牌塑造方方面面的观感和思考。有你在身边，不只让我不再害怕生活中的风雨，更让我学会沐浴当下每一天的阳光。

另外，我的硕士导师张凌云教授和魏小安教授，我的从大学开始一起成长至今的诤友张芳辉，你们的做人的格局和做事的风格都在潜移默化地影响着我。

最后当然还要感谢自己！愿意永不停止成长的自己！

目 录

摘　要 …………………………………………………… 01
ABSTRACT ……………………………………………… 06

绪　论 ………………………………………………… 001
 第一节　研究背景 ……………………………… 002
 第二节　研究方法 ……………………………… 003
 第三节　文献综述 ……………………………… 006

第一章　城市品牌塑造模型的构建 ………………… 019
 第一节　现代品牌研究概述 …………………… 020
 第二节　品牌概念的外延和内涵 ……………… 022
 第三节　基于品牌概念构建城市品牌塑造的模型 … 031

第二章　象征性标识回顾到城市品牌标识网红化建议 … 037
 第一节　象征性标识发展的历史回顾和主要问题 … 038
 第二节　城市品牌标识网红化的发展必然与建议 … 058

第三章　视觉形象回顾到城市品牌形象人设化建议 … 073
 第一节　视觉形象发展的历史回顾和主要问题 … 074
 第二节　城市品牌形象人设化的发展必然与建议 … 090

第四章 活动营销回顾到城市品牌关系 IP 化建议 ············· 103
第一节 城市活动营销的历史回顾和主要问题 ············· 105
第二节 城市品牌关系 IP 化的发展必然与建议 ············· 122

第五章 城市品牌塑造的新媒体化发展 ············· 135
第一节 网红与网红城市存在的问题 ············· 137
第二节 人设与城市人设存在的问题 ············· 141
第三节 城市 IP 的未来发展 ············· 144

结 语 ············· 149
第一节 结论及创新 ············· 150
第二节 不足与展望 ············· 152

参考文献 ············· 155

摘　要

　　近年来，随着经济、社会和文化的发展，中国的品牌研究与实践和城市实践与研究都发生了较大的变化，建立在二者基础之上的城市品牌研究与实践也应该随之有一些新的进展。品牌发展和城市发展早已在实践中有所融合，城市品牌建设、城市品牌塑造与城市品牌传播方面的实践在近年来的中国也获得了快速发展，这使得建立在具体的、零散的、案例基础之上的城市品牌应用研究获得了一定程度的发展。但是与之相对的是，一方面，城市品牌的基础理论研究进展不快，以最基础最主要的城市品牌概念来看，即便是在西方，城市品牌概念也是直到2000年左右才开始出现，而且时至今日，各种城市品牌概念大体上都不具备整体系统性和内在逻辑性；另一方面，建立在城市品牌理论研究基础上的城市品牌建设、城市品牌塑造与城市品牌传播的系统研究也不成熟。因为在三者之中，城市品牌塑造一边以城市品牌建设作为基础，一边又作为城市品牌传播的基础，所以城市品牌塑造是整个城市品牌研究中较为重要的研究主题。研究城市品牌塑造，需要跳过现有的缺乏整体系统性和内在逻辑性的城市品牌概念，回归到品牌并基于品牌概念框架构建城市品牌塑造模型，并在此基础上进一步对城市品牌塑造模型中涉及到的城市品牌塑造各元素的发展状况进行历史回顾和提出相应的新媒体化发展的建议，以此来验证基于品牌概念框架所构建的城市品牌塑造模型的合理性，最终将其作为基础模型指导未来的城市品牌塑造研究与实践。

研究方法上，城市品牌塑造模型构建和城市品牌塑造各元素的具体研究两大步骤在资料收集环节都以文献法为主，各元素的具体研究这一步骤还会结合此前个人的工作经历和经验加以调整和补充；城市品牌塑造模型构建和城市品牌塑造各元素的具体研究两大步骤在资料分析环节，都以文献分析法和比较分析法为主。

因为城市品牌塑造模型的构建是以品牌概念框架为基础的，所以需要首先梳理品牌概念的外延和内涵。一方面，品牌概念的外延包括物、人和事这一具象的基础维度，还有经济、社会和文化这一抽象的派生维度，以及既是由物、人和事的基础维度构成，又是由经济、社会和文化的派生维度构成的"城"这一特别维度。另一方面，品牌概念的内涵包括品牌标识、品牌形象和品牌关系，以及新媒体和社会化营销环境下的网红、人设和IP。在品牌概念的外延和内涵基础上，城市品牌作为品牌概念外延特殊维度的城的品牌的典型代表，一方面，城市品牌既是由物、人和事的基础维度构成，又是由经济、社会和文化的派生维度构成。另一方面，城市品牌也包括城市品牌标识、城市品牌形象和城市品牌关系，以及新媒体和社会化营销环境下的网红城市、城市人设和城市IP。

城市品牌标识主要包括象征性标识、景观性标识和文化性标识三部分。三者对应的具象外延主要是城市的物。传统媒体环境下，城市象征性标识发展比较充分，通过对城市标志、城市名称、城市口号和宣传语等主要象征性标识的发展的历史回顾，发现了其背后的问题，即城市象征性标识是以景观性标识和文化性标识为基础，经过评选而后设计出来的，如果城市景观性标识和文化性标识不能得到很好的打造，单独追求象征性标识的设计，具有较大的局限性，只会因为治标不治本而使得城市品牌标识的发展得不到有力的支撑。新媒体和社会化营销环境下，已有城市品牌标识尤其是其中的景观性标识和文化性标识开始网红化，网络短视频平台抖音和清华大学城市品牌实验室联合发布的研究报告显示，城市音乐、本地饮食、景观景色和科技感的设施是城市品牌标识网红化的主要元素。未来，城市品牌标识网红化成为必然，其中，目前特别具备网红潜质的城市品牌中的城市夜晚品牌标识的灯光和城市听觉品牌标识的声音最具代表。另外，通过以上分析也可以看出，城市品牌标识的网红化主要对应的是城市品牌的抽象外延中的经济。

城市品牌形象主要包括视觉形象、行为形象和理念形象三部分。三者对应的具象外延主要是城市的人。传统媒体环境下，城市视觉形象发展比较充分，通过对城市形象片、城市代言人和城市吉祥物等主要视觉形象的发展的历史回顾，发现了其背后的问题，即视觉形象是以行为形象和理念形象为基础的，如果城市品牌行为形象，特别是城市品牌理念形象不能得到很好的打造，单独追求城市品牌视觉形象的设计与传播，具有极大的局限性，只会因为治标不治本而使得城市品牌形象的发展得不到有力的支撑。新媒体和社会化营销环境下，已有城市品牌形象尤其是其中的行为形象和理念形象开始尝试人设化，如国人熟知的成都人热爱安逸的行为形象与"成都，一座来了就不想走的城市"背后所要传达的这座城市的理念形象。未来，城市品牌形象人设化成为必然，其中，城市抢人大战和所谓城市清理低端产业人口争议中所涉及到的城市人性化社会治理，是比较具有代表性的城市政府和管理者为主的行为形象，城市性格和地域刻板印象中所涉及到的城市人格化的性质和特征是比较具有代表性的城市市民和居民为主的理念形象。另外，通过以上分析也可以看出，城市品牌形象的人设化主要对应的是城市品牌的抽象外延中的社会。

城市品牌关系主要包括活动营销、事件营销和故事营销三部分。三者对应的具象外延主要是城市的事。传统媒体环境下，城市活动营销发展比较充分，通过对城市节庆、城市会展和城市赛事等主要活动营销的发展的历史回顾，发现了其背后的问题，即城市活动营销只是短时间的有备而来的，如果城市不具备处理临时、随时发生的城市事件的能力，不能讲好日常的城市故事，单独追求大型活动的营销效应，具有较大的局限性，只会因为治标不治本而使得城市品牌关系的发展得不到有力的支撑。新媒体和社会化营销环境下，已有城市品牌关系尤其是其中的城市事件和城市故事开始探索IP化，如北京故宫的IP运营。未来，城市品牌关系IP化成为必然，其中，城市旅游危机事件和城市日常故事，因为更能形成城市与外部受众甚至内部受众之间的持久的连接，因而更加适合打造成彰显城市文化的城市IP。另外，通过以上分析也可以看出，城市品牌关系的IP化主要对应的是城市品牌的抽象外延中的文化。

在品牌概念深化发展的基础上，提出了城市品牌在传统媒体环境下从城市品牌标识到城市品牌形象再到城市品牌关系的深化发展，又在此基础上完成了城市品牌标识、城市品牌形象和城市品牌关系从传统媒体到新媒体和社会化营销环境下的网红城市、城市人设和城市IP的发展的分析，接下来，有必要再来分析城市品牌在新媒体和社会化营销环境下的深化发展，即从基于城市品牌标识的城市网红打造，到基于城市品牌形象的城市人设设立，再到基于城市品牌关系的城市IP运营。就如城市是品牌概念外延的一种特殊维度一样，网红城市与网红也是一脉相承的，网红在传播时间和传播内容两方面存在的问题，对应到网红城市上，分别对城市的社会治理和文化彰显提出了挑战，所以，网红城市打造，不应当只关注经济发展，还应当关注社会治理和文化彰显。城市人设与人设也是一脉相承的，人设存在的偶然性和被动性两方面的问题，要求城市品牌行为形象中的城市人性化社会治理能够常态化，要求城市品牌理念形象中的城市人格化塑造能够系统化，这也进一步要求城市人设不应当只关注城市的社会治理，还应当关注社会治理底层的制度文化和社会治理深层的城市特色文化。城市IP与IP也是一脉相承的，城市网红元素打造和城市人设设立的终极目标都涉及到城市 IP 运营,即在打造经济发展为主的城市网红元素和设立社会治理为主的城市人设的基础上,城市最终都需要且更需要挖掘城市文化以彰显城市文化。

最后,城市品牌塑造模型的构建,不只提供了回归品牌概念即从品牌标识到品牌形象再到品牌关系探讨城市品牌塑造的新角度,而且为网红城市、城市人设和城市 IP 等新现象的研究提供了品牌理论的支撑点。城市品牌塑造模型各元素的具体研究,不只涉及到对城市品牌塑造历史发展状况的系统回顾,也涉及到对城市品牌塑造从传统媒体到新媒体化发展的新思路,验证了城市品牌塑造模型的合理性,为此后的研究和实践提供了新视野。

关键词:城市品牌塑造模型;城市品牌;城市品牌标识;城市品牌形象;城市品牌关系;网红城市;城市人设;城市 IP

ABSTRACT

In recent years, with the developments of economy, society and culture, the brand research and practice, the city practice and research have undergone great changes in China, then the city brand research based on the above two aspects should also have some new progress. The developments of brand and city have long been integrated in practice, the practices of city brand building, city brand molding and city brand communication have also gained rapid developments in recent years, which makes the research on the application of city brand based on specific scattered cases has obtained a certain degree of development. However, on the one hand, the basic theoretical research of city brand is not progressing very well, in view of the most basic and important concept of city brand, it did not appear until about 2000 even in the Western countries, and today, all kinds of city brand concepts generally do not have the overall systematic and internal logic. On the other hand, the systematic researches on city brand building, city brand molding and city brand communication based on the theoretical study of city brand are not mature. Among the three aspects of city brand building, city brand molding and city brand communication, city brand molding is based on city brand building, and meanwhile, as the basis of city brand communication, which is not only the core link between city brand research and practice, but also the intersection of theoretical research and applied research. Therefore, city brand molding is an important research topic in the whole city brand research. To study city brand molding, we need to skip the existing city brand concepts which lack overall systematic and inherent logic, return to the brand and build the model of city brand molding based on the brand concept framework, then on this basis, we further review the development of various elements of city brand molding involved in the city brand molding model and put forward the corresponding suggestions for the development of new media, to verify the rationality of the model of city brand molding based on the concept framework of the brand, finally, this model will be used as a basic model to guide the future city brand molding in research and practice.

When it comes to research methods, in the data collection, both the two major steps of the construction of city brand molding model and the specific research on the elements of city brand molding are mainly based on the literature method, though it will also be adapted and supplemented in the light of previous personal work experience in the latter step; while in the data analysis, the methods in the first step of construction of the model and the second step of research on the elements of the model are both mainly literature analysis method and comparative analysis method.

Because the construction of city brand molding model is based on the brand concept framework, it is necessary to comb the extension and intension of brand concept initially. On the one hand, the extension of the concept of brand includes the basic concrete dimension of object, person and matter, the abstract derived dimension of economy, society and culture, and the special dimension of the region. On the other hand, the intension of the concept of brand is formed with brand symbol, brand identity and brand relationship, as well as internet sensation, public face and IP under the environment of new media and social marketing. On the basis of the extension and intension of the brand concept, as the typical representation of regional brands, on the one hand, city brand is composed of the basic concrete dimension of objects, people and things, and the derived dimension of economy, society and culture. On the other hand, city brand is formed with city brand symbol, city brand identity and city brand relationship, as well as internet-sensational city, public face of city and IP of city under the environment of new media and social marketing.

The city brand symbol mainly includes three parts: emblematic symbol, landscape symbol and cultural symbol. Their corresponding basic concrete dimensional extension of brand is mainly the city's objects. Under the environment of traditional media, the emblematic symbols have been relatively fully developed. This thesis makes a historical review of the development of the three main city emblematic symbols such as city logo, city name, city slogan and poster, then points out the problem behind them. The problem is that the emblematic symbol is based on the landscape symbol and cultural symbol, if the landscape symbol and cultural symbol can not be well built, the simple pursuit of emblematic symbol's design, with great limitations, will only treat symptoms and not the root cause, so that the development of city brand symbol can not be strongly supported. Under the environment of new media and social marketing, some of the city brand symbols, especially the landscape symbols and cultural symbols in it, have begun to be internet sensations. The network short video platform Tik Tok and Tsinghua University City Brand Research Office have jointly released a research report, the report showed that BYM (background music), Eating, Scenery and Technology are main city brand symbols which have been internet sensations. In the future, it's an inevitable trend that more and more city brand symbols can be internet sensations. This thesis only elaborates the lighting of the city night brand symbol and the sound of the city auditory brand symbol as an example because the lighting and the sound have special potential in being internet sensations currently. Finally, being internet sensations of the city brand symbols mainly corresponds to the economy in the abstract extension of the city brand.

The city brand identity mainly includes the visual identity, the behavior identity and the mind identity. Their corresponding basic concrete dimensional extension of brand is mainly the city's people. Under the environment of traditional media, the visual identities have been relatively fully developed. This thesis makes a historical review of the development of the main visual identities such as city image film, city spokesperson and city mascot, then points out the problem behind them. The problem is that the visual identity is based on the behavior identity and the mind identity, if the city brand behavior identity, in particular, the city brand mind identity can not be well created, the simple pursuit of the visual identity of the city brand design and dissemination, with great limitations, will only treat symptoms and not the root cause, so that the development of city brand identity can not be strongly supported. Under the environment of new media and social marketing, some of the city brand identities, especially the behavior identities and mind identities in it, have begun to make the effort to set a public face. Let's take the city of Chengdu for example, it is world-known the Chengdu people's behavior identity of loving the comfortable life and the Chengdu's mind identity conveyed by the slogan and poster of "Chengdu, a city that doesn't want to leave when it comes". In the future, it's an inevitable trend that more and more city brand identities can be set to be public faces. Among them, the urban humanized social governance involved in the urban talent even population competitiveness and the so-called urban clean-up of low-end industrial population disputes is a perfect example of the government-based city brand behavior identity, the nature and characteristics of urban personality involved in urban character and geographical stereotypes is a fine specimen of the city brand mind identity based on urban citizens and residents. Finally, setting the public face of city brand identities mainly corresponds to the society in the abstract extension of the city brand.

The city brand relationship mainly includes activity marketing, event marketing and story marketing. Their basic concrete dimensional extension of brand is mainly the city's matters. Under the environment of traditional media, activity marketing has been relatively fully developed. This thesis makes a historical review of the development of the main activity marketing such as festival marketing, MICE (Meetings, Incentives, Conferencing/Conventions, Exhibitions/Exposition), sports marketing, then points out the problem behind them. The problem is that activity marketing must be well-prepared but only be effective in a short time, if the city does not have the ability to deal with temporary, ready-to-use events, and can not tell the daily city story, the simple pursuit of large-scale activities' marketing effect, with great limitations, will only treat symptoms and not the root cause, so that the development of city brand relations can not be strongly supported. Under the environment of new media and social marketing, some of city relationship marketing, especially event marketing and story marketing have begun to explore IP, such as the operation of the IP of the Imperial Palace. In the future, it's an inevitable trend that more and more cities will explore and operate their IPs. Among them, the urban tourism crisis events and urban daily stories are more suitable to explore and operate

ABSTRACT | 11 |

a city IP to highlight the city culture, because they can form more persistent connections not only between the city and its external audience, even the city and its internal audience. Finally, exploring and operating the IP of city brand relationship mainly corresponds to the culture in the abstract extension of city brand.

After putting forward the deepening development of city brand from the city brand symbol to the city brand identity, and to the city brand relationship in the traditional media environment based on the deepening development of brand concept in the traditional media environment, and after the analysis of the development from city brand symbol, city brand identity, and city brand relationship under the environment of traditional media to internet-sensational city, public face of city and IP of city under the environment of new media and social marketing on above basis, next, it is necessary to analyze the deepening development of city brand in the new media and social marketing environment, that is, from making internet sensations based on the city brand symbol, to setting a public face based on the city brand identity, and then to exploring and operating IP based on the city brand relationship. Just as the city is a special dimension of the extension of the brand concept, internet sensation of city followed from the internet sensation, as the internet sensation has two aspects of problems in the time of dissemination and content of dissemination, when it comes to the internet sensation of city, two problems raised challenges to the city's social governance and cultural manifestations respectively, so, to make internet sensation of city, the city should not only pay attention to economic development, but also pay attention to social governance and cultural highlights. As city's setting public face followed from the general setting public face, the problems of chance and passivity existing in setting public face require that the urban humanized social governance involved in the city brand behavior identity must be normalized, and that the urban personality shaping involved in the city brand mind identity must be systematized, this further require's, that the city's setting public face should not only pay attention to the social governance of the city, but also pay attention to the system culture at the bottom of social governance and the deep urban characteristic culture of social governance. City IP and IP is also the same vein, and the ultimate goal of making an internet sensation of city and setting a public face of city is related to IP operation of city, that is, on the basis of making an internet sensation of city which is mainly based on economic development and setting a public face of city which is mainly based on social governance, the city needs to excavate its culture in order to show city culture.

Finally, on the one hand, the construction of city brand molding model not only provides a new perspective on discussing the concept of city brand from brand symbol to brand identity and brand relationship, but also provides the support point of brand theory for the study of new phenomena such as the internet sensation of city, the public face of city, and the IP of city. On the other hand, the specific researches of the elements of the city brand molding model involve not only a systematic review of the historical development of city brand molding, but also a new idea of city brand molding from traditional media to new media development, verify the rationality of the model of city brand molding, which provides a new perspective for future research and practice.

KEY WORDS: city brand molding model; city brand; city brand symbol; city brand identity; city brand relationship; internet-sensational city; public face of city; IP of city

绪　论

第一节　研究背景

城市品牌，其中心词是品牌，其主体是城市。近年来，随着经济、社会和文化的发展，中国的品牌研究与实践和城市实践与研究都发生了较大的变化，建立在二者基础之上的城市品牌研究与实践也应随之有一些新的进展。

一、品牌研究与实践

西方现代品牌研究经过前后近70年的发展，围绕品牌已经形成了枝繁叶茂的品牌理论丛林，中国现代品牌研究经过改革开放至今近40年的发展，在经历了恢复与探索、学习与成长、融入与成型阶段后，更是在2014年至今的新媒体和社会化营销环境下一定程度上实现了相对于西方现代品牌研究的具有自身特色的发展。检索中国知网，当下中国的品牌研究，尤其是在2014年之后，虽然篇名包含"品牌"的文献数量逐年减少，但是主题包含"品牌"的文献数量并未出现大幅波动，分析其背后原因，一方面可能缘于品牌的基础研究业已成熟，概念等相关研究开始式微；另一方面可能缘于品牌相关实践日益丰富，并且出现分化，尤其是在中国的新媒体和社会化营销环境下，品牌开始以"网红"、"人设"和"IP"等说法出现。

二、城市实践与研究

2019年2月28日国家统计局发布的《中华人民共和国2018年国民经济和社会发展统计公报》显示，初步核算，2018年中国全年国内生产总值900 309亿元，其中，第三产业增加值469 575亿元，增长7.6%，第三产业增加值比重为52.2%。此前的2017年发布的《国家人口发展规划（2016-2030年）》提出，到2020年中国常住人口城镇化率达到60%，到2030年中国常住人口城镇化率达到70%。另外2017年同年发布的首部国家级、综合性的市政基础设施规划《全国城市市政基础设施规划建设"十三五"规划》要求，到2020年建成与小康社会相适应的布局合理、设施配套、功能完备、安全高效的现代化城市市政基础设施体系。随着与中国的城市化更确切的是城镇化紧密相关的第三产业、城市常住人口和市政基础设施等方面的快速发展及取得的一定的成绩，近年来，围绕城市的相关研究也开始从注重城市硬件建设、经济发展等规模、数量方面的增长转向注重城市软件建设、社会治理、文化彰显等内涵、质量方面的提升。

三、城市品牌实践与研究

品牌发展和城市发展早已在实践中有所融合，城市品牌建设、城市品牌塑造与城市品牌传播方面的实践在近年来的中国也获得了快速发展，这使得建立在具体的、零散的案例基础之上的城市品牌应用研究获得了一定程度的发展。但是，与之相对的是，一方面，城市品牌的基础理论研究进展不快，以最基础最主要的城市品牌概念来看，即便是在西方，城市品牌概念也是直到2000年左右才开始出现，而且时至今日，各种城市品牌概念大体上都不具备整体系统性和内在逻辑性；另一方面，建立在城市品牌理论研究基础上的城市品牌建设、城市品牌塑造与城市品牌传播的系统研究也不成熟。

因为在三者之中，城市品牌塑造一边以城市品牌建设作为基础，一边又作为城市品牌传播的基础，所以本研究以城市品牌塑造作为主题，跳过现有的缺乏整体系统性和内在逻辑性的城市品牌概念，回归到品牌并基于品牌概念框架构建城市品牌塑造模型，并结合城市这一主体，对已有的城市品牌塑造的应用研究涉及到的城市品牌塑造各部分的发展状况进行回顾和提出相应的新媒体化发展的建议。

第二节 研究方法

城市品牌塑造的研究可以分为两大步骤，第一步是基于品牌概念框架构建城市品牌塑造模型，第二步是结合城市这一主体，对已有的城市品牌塑造的应用研究涉及到的城市品牌塑造各部分的发展状况进行回顾和提出相应的新媒体化发展的建议，即以具体的应用研究填充第一步构建出的模型的三个层次。研究方法上，以上两大步骤在资料收集环节略有不同，虽然两步都以文献法为主，但是第二步会结合此前个人的工作经历和经验加以调整和补充；而在资料分析环节，第一步模型构建和第二步模型研究都以文献分析法和比较分析法为主。

一、资料收集环节都以文献法为主

资料收集环节所涉及到的文献，文献类型主要有学术期刊论文、会议论文，也有部分专著、教材、文集等类型的图书，以及报纸文章、硕博论文、研究报告和行业报告，还有少量联机网络、联机网上数据库等类型的电子文献，以上各类文献整体上以中文文献为主，辅以部分英文文献。另外，由于本研究主题城市品牌塑造的主体是城市，所以还涉及到相关的行政法规、地方法规、地方规章、部门规章及其他规范性文件等在内的法律法规，以及相关的国家标准、行业标准等类型的文献。

另外，第二步模型研究部分在文献法为主的基础上，又结合此前个人的工作经历和经验加以调整和补充。因为笔者此前从事过十余年的旅游规划相关工作，在参与几十个包括前国家旅游局、部分省级、地市级、县市级、乡镇级政府委托的旅游发展规划、旅游概念性规划、旅游总体规划和旅游控制性详细规划、旅游修建性详细规划等，以及不同类型专项课题等过程中，直接观察到各级政府官员为主的人群在旅游规划中关于城市品牌塑造方面的态度和行为，其间也有一些针对部分政府官员、市民和游客代表为主的访谈，这些访谈中也涉及到了访谈对象对于城市品牌塑造方面的一些个人感受和见解。本研究在城市品牌发展的历史回顾部分所涉及到的市花市树、城市LOGO、城市口号和宣传语，以及城市形象片、城市代言人、城市吉祥物、城市节庆、城市会展、城市赛事等，就是在综合此前的观察发现和所访谈的政府官员、市民和游客代表的感受和见解，以及文献情况的基础上，提炼和筛选所得。

二、资料分析环节的文献分析法和比较分析法

下文分别对文献分析法和比较分析法加以说明。

文献分析法，主要是针对资料收集环节收集到的各类文献进行分析。在文献内容方面，第一步模型构建部分主要聚焦于品牌，包括：网红、人设、IP；城市品牌，网红城市、城市人设、城市IP；城市规划、城市经营，城市竞争力、城市软实力，城市营销、城市传播等相关主题。第二步模型研究部分主要聚焦于城市品牌塑造中表现出的态度和行为，包括：城市标志、城市LOGO、市徽、市花市树，城市名称、城市正称、城市别称、城市改名、城市口号、城市宣传语、城市旅游口号，城市亮化、城市美化、夜市、灯光秀、实景演出、灯光节、市歌、声景；城市形象片、城市宣传片、代言人、城市代言人，吉祥物、城市吉祥物，城市抢人大战、低端产业，城市性格、地域刻板印象、地域歧视；节庆、会展、展览、MICE、体育赛事、奥运会、马拉松，城市公共关系、旅游危机事件，口述历史、播客、非虚构写作等相关主题。

比较分析法，一是模型构建方面，传统媒体环境下的城市品牌标识到城市品牌形象再到城市品牌关系的逐步深化，其与新媒体和社会化营销环境下的网红城市到城市人设再到城市IP之间的比较分析，前者在本研究的开篇第一章作详细分析，后者在本研究的结尾第五章作详细分析。二是城市品牌标识主要对应的城市的物的网红化与城市经济发展，城市品牌形象主要对应的城市的人的人设化与城市社会治理，城市品牌关系主要对应的城市的事的IP化与城市文化彰显，三者之间是递进关系，本研究第二章、第三章、第四章对三者进行详细分析时也是以比较的方法进行的。三是第二章、第三章、第四章各自的内容，分别是用传统媒体环境下城市品牌标识发展回顾与新媒体和社会化营销环境下的网红化作对比，传统媒体环境下城市品牌形象发展回顾与新媒体和社会化营销环境下的人设化作对比，传统媒体环境下城市品牌关系发展回顾与新媒体和社会化营销环境下的IP化作对比。

第三节 文献综述

1998年,凯文·莱恩·凯勒(Kevin Lane Keller)提出了"地理区域品牌"(geographical brand),2003年,菲利普·科特勒(Philip Kotler)提出了"地点品牌"(place brand),此后又有city brand、urban brand、country brand、national brand、regional brand、destination brand等多种表述。在中国,对应有城市品牌、国家品牌、地区品牌、区域品牌、目的地品牌等多种表述。本书主要研究其中的city brand即城市品牌,因为除了国家品牌因具有外交、政治和意识形态色彩而有其特殊性之外,其他各层次区域的品牌具有较多的共性,而城市品牌是其中的典型代表。

一、城市品牌相关研究概述

通过以上列举可以看出,城市品牌研究方面,西方早于中国。

(一)西方城市品牌研究概述

在西方,城市品牌概念的提出虽然相对较晚,但与之相关的理论研究其实早已出现,这其中包括20世纪五六十年代出现在城市规划领域的"城市意象"(city image)理论和市场营销领域的"企业形象"(corporate identity)理论,20世纪80年代开始出现的"国家竞争力"和"国家软实力"(soft power)理论,还有20世纪90年代菲利普·科特勒在市场营销领域开辟的"地方营销"(Marketing Places)和"国家营销"(The Marketing of Nations)研究等。下面分别作简单分析。

第一,"城市意象"理论始于凯文·林奇(Kevin Lynch)于20世纪60年代出版的《城市意象》(The Image of the City)一书,书中第一次提出"城市意象"的说法。凯文·林奇在书中分析了城市中的道路、边界、区域、节点、标志物等[①]。第二,"企业形象"理论始于20世纪五六十年代的"企业识别系统"(corporate identity system,简称CIS),该系统包括视觉识别(visual identity,简称VI)、行为识别(behavior identity,简称BI)和理念识别(mind identity,简称MI)三部分。第三,"国家竞争力"理论始于迈克尔·波特(Michael E. Porter)1990年出版的《国家竞争优势》一书,此书开启了地区、国家和跨国竞争力研究,主要关注的是国际贸易领域[②]。中国的倪鹏飞团队受此启发,从1997年至2019年已连续出版了17份《中国城市竞争力报告》,虽然报告的指标体系已从最初的综合经济竞争力扩展到如今的宜居竞争力与可持续竞争力等角度,但整体上仍以经济指标为核心,这在其2019年的第17份报告以"房地产"[③]为主要关注产业上有所体现。因为关注国际贸易、关注经济指标,使得这一类研究涉及到品牌方面,关注的多是城市内部品牌、原产地品牌,如资源品牌、产品品牌、企业品牌和产业品牌等微观的、具体的商业品牌。第四,"国家软实力"理论始于20世纪80年代。约瑟夫·奈(Joseph Nye)最初提出软实力,当时该理论还主要聚焦于国家层面,并且有较强的外交、政治和意识形态色彩[④]。当软实力的主体从国家变为城市,它更多被解读为"公共管理力"、"人力资本力"、"城市创新力"、"生活质量吸引力"、"城市沟通力"、"城市文化力"[⑤]等社会和文化多方面,相对于竞争力理论,软实力理论的提出使得国家之间甚至城市之间的竞争从直接的经济竞争转向文化为主的竞争。第五,菲利普·科特勒于1993年在市场营销的基础上提出了"地方营销"以及由此延展出的"国家营销"的概念,他分析了城市营销的三个层次,即政府、居民和组织在内的规划组,基础设施、吸引物、区域形象和生活质量、人群在内的营销要素,以及包括外来投资者、迁入者、旅游者等在内的目标市场[⑥]。"规划组"以及基础设施、吸引物等"营销要素"表明,城市营销与城市的空

[①] Kevin Lynch. The Image of the City. Massachusetts:The MIT Press,1960.
[②] [美]迈克尔·波特.国家竞争优势.李明轩,邱如美译.北京:中信出版社,2007.
[③] 倪鹏飞.中国城市竞争力报告(NO.17):住房,关系国与家.北京:中国社会科学出版社,2019.
[④] 沈骥如.不能忽视增强我国的"软实力".瞭望新闻周刊,1999(41):12-13.
[⑤] 庄德林,杨颖.城市软实力建设热潮下的冷思考.云南社会科学,2010(02):96-101.
[⑥] Philip Kotler, Donald Haider, Irving Rein. Marketing Places:Attracting Investment, Industry, and Tourism to Cities,States and Nations. NewYork:The Free Press,1993,19-20.

间政策，特别是与城市的实体空间结构规划是分不开的[①]；"区域形象"，则整合了有别于"企业形象"战略系统的城市形象传播，城市形象传播，除了城市形象广告，还包括加深城市与目标市场关系的活动营销、事件营销等；"旅游者"，则整合了城市旅游营销和旅游城市营销，可见，旅游同样是城市营销的重要组成部分。总之，菲利普·科特勒这三个层次的城市营销，在其"市场营销学派"的基础上，整合了"城市规划学派"、"城市形象学派"和"旅游地营销学派"[②]的城市营销研究。以上相关理论虽然只是从各自不同的角度对城市品牌有所涉及，也许对于城市品牌的直接研究较少或者并不深入，但是，它们都在城市品牌成为研究主体后对城市品牌研究起到了一定的基础作用。

对城市品牌的直接研究，始于1998年凯文·莱恩·凯勒和2003年菲利普·科特勒提出城市品牌之初，也就是2000年左右，城市品牌相关研究以概念界定为主。并且，由于凯文·莱恩·凯勒和菲利普·科特勒的主要关注仍在市场营销领域和传统商业品牌上面，这使得从二人开始的城市品牌概念研究较多受制于传统品牌概念。到了2010年之后，城市品牌研究开始更多地转向应用研究方面。2016年，国际区域品牌学会（International Place Branding Association，简称IPBA）成立。一方面，该学会的名称中使用的是"branding"，而不是"brand"，意味着相关研究开始更多关注城市品牌的应用即"品牌化"；另一方面，国际性的学术组织近几年才成立，也从侧面说明了2000年左右出现了相关概念的城市品牌研究，其研究尤其是应用研究的发展并不快。

（二）中国城市品牌研究概述

在中国，1978年改革开放后，1982年改革的重点开始从农村逐步转向城市，在城市经济体制改革进程中，土地改革和房产改革占据重要一席，其中1982年当年即有4个城市作为房改的试点，此后，中国城市的"土地财政"慢慢成型，再到1994年开始的分税制改革，这些都使得中国各城市之间的竞争日益激烈，随之而来的城市品牌研究开始被提上日程。早期的中国城市品

---

① G J Ashworth, H Voogd. Marketing the City: Concepts, Processes and Dutch Applications.Town Planning Review, 1988, 59（01）：65-79.

② 王山河，陈烈.西方城市营销理论研究进展.经济地理，2008（01）：100-104.

牌研究主要是引进和继承西方的相关研究，西方20世纪五六十年代出现的城市规划领域的"城市意象"理论和市场营销领域的"企业形象"理论，大致在20世纪80年代改革开放后被引进中国，前者对早期中国城市市政建设起到了一定的引导作用，后者则被较多地应用于营销、商业和广告领域，自然也包括城市形象广告方面。西方20世纪80年代开始出现的"国家竞争力"和"国家软实力"理论，大致在20世纪90年代后期被引进中国，二者除在国家这一主体适用之外，对中国城市的竞争力和软实力建设也起到了积极推动作用。此后，1998年开始的房地产全面市场化之后，城市发展和城市竞争在中国日益激烈，再到2001年北京申奥成功至2008年北京奥运会举办期间，中国城市国际化发展和参与全球竞争的热情也被点燃，中国城市营销以及城市品牌的实践甚至研究已慢慢跳出西方早期的城市营销以及城市品牌相关研究，开始了具有自身特色的发展。

与西方城市品牌研究进程大体相似且有所继承的是，2000年至2008年前后，中国的城市品牌研究多集中在城市品牌概念界定的综述研究方面。2010年至今，中国的城市品牌研究则开始更多地从概念界定研究转向城市品牌应用研究，如研究某座具体的城市，如王国平分析了"杭州"[1]这一城市品牌主体的建设，施春来分析了"瑞士巴塞尔（Basel）"[2]这一城市品牌主体的品牌建设；或某座城市的文化品牌、旅游品牌，或某座旅游城市的城市品牌等建设，如马肇国、席亚健、薛浩和何平香分析了"城市文化"[3]这一城市品牌主体的品牌建设，刘文俭分析了"山东省域文化"[4]这一城市品牌主体的品牌建设，更具体地，赵立波分析了"青岛蓝色文化"[5]这一城市品牌主体的品牌建设，刘晓华分析了"延安民俗旅游"[6]这一城市品牌主体的品牌建设；研究通过某一大型体育赛事、大型城市事件塑造城市品牌，如王超、张振龙分析了

---

[1] 王国平.南宋的历史贡献与杭州的城市品牌建设.中共中央党校学报，2008（05）：96-103.

[2] 施春来.基于国际化视野的城市品牌建设的思考——瑞士巴塞尔（Basel）城市品牌运作的启示.福建论坛（人文社会科学版），2014（07）：31-35.

[3] 马肇国，席亚健，薛浩，何平香.体育与城市文化品牌建设的互动效应和风险管理.北京体育大学学报，2018，41（12）：64-72.

[4] 刘文俭.省域文化品牌建设的思路与对策——以山东为例.北京行政学院学报，2010（04）：1-5.

[5] 赵立波.关于青岛蓝色文化品牌建设的思考.中国海洋大学学报（社会科学版），2013（02）：91-95.

[6] 刘晓华.产业融合视角下延安民俗旅游品牌建设研究.宏观经济管理，2017（S1）：10-11.

"第二届全国青年运动会"对太原市城市品牌塑造的影响[①],王伟、杨婷和罗磊以"上海世博会"为例分析了大型事件对城市品牌塑造的影响[②];或者研究户外广告等传播渠道或方式,以及具体的微博或者笼统的大数据等在城市品牌传播中的应用,如张晓凤分析了户外广告对城市品牌形象建设的价值和思路[③],胡鸿影分析了"基于微博模式的城市品牌营销"[④],王建彦、孙宜君分析了"大数据在城市品牌形象传播中的运用"[⑤],等等。

(三)城市品牌的概念与应用

综上,城市品牌提出较晚,但此前已有相关理论作为基础和实践需要作为铺垫。城市品牌从被提出到现在的二十余年,可以大致划分为城市品牌概念界定和城市品牌应用研究两个阶段。在西方,城市品牌提出的前十年,相关研究还多以概念界定为主,2000年至2008年前后,中国的城市品牌研究也多是概念界定的综述研究。2010年之后,中外城市品牌研究开始更多地转向应用方面。下文首先对城市品牌概念界定作综述,但是因为研究城市品牌的根本目的是城市品牌应用,所以重点在对城市品牌应用研究进行综述。

二、城市品牌概念界定综述

梳理相关文献,对于城市品牌概念的界定,可归纳为两条路径,第一是从凯文·莱恩·凯勒和菲利普·科特勒先后提出的源于产品的商业品牌视角界定城市品牌,第二是从城市品牌的主体即城市视角界定城市品牌。

(一)品牌视角界定城市品牌概念

品牌视角的界定,第一类只是将名称、术语、标记、符号等品牌相对客观

[①] 王超,张振龙.后二青会时代对太原市城市品牌塑造的影响研究.体育科技文献通报,2020,28(02):100-102.
[②] 王伟,杨婷,罗磊.大型城市事件对城市品牌影响效用的测度与挖掘——以上海世博会为例.城市发展研究,2014,21(07):64-73.
[③] 张晓凤.户外广告对城市品牌形象建设的价值和思路.传播与版权,2018(07):84-86.
[④] 胡鸿影.基于微博模式的城市品牌营销.学术交流,2013(11):222-225.
[⑤] 王建彦,孙宜君.论大数据在城市品牌形象传播中的运用.现代传播(中国传媒大学学报),2015,37(05):102-104.

的标识直接嫁接到城市品牌定义上。例如,陈建新、姜海提出城市品牌是"特殊的识别效应"[1],孙丽辉、史晓飞提出城市品牌是表现城市核心价值、定位和特色的"名称、术语、标记或符号"[2],孙湘明、徐皎提出城市品牌是"特殊识别符号"[3],黄志华提出城市品牌是"辨识符号"[4]。第二类提到了城市品牌的受众的主观感受。例如,樊传果提出城市品牌是公众对城市的"感知、联想、识别"[5],白长虹、郝胜宇提出城市品牌存在于"相关利益者的内心",是"体验和评价",是"印象和联想"[6]。第三类,孙利昌在城市品牌概念界定时提到了城市"决策者、建设者和居民"[7],这里提到了城市居民在城市品牌中的作用,将城市居民作为城市品牌的主体之一是一大进步,但是其缺憾是未将城市居民作为城市品牌的受众。

以上大致划分为三类的品牌视角的城市品牌的概念界定,基本都是品牌概念在城市品牌概念上的简单套用,而并未系统地探究品牌概念的丰富内涵以及包括城市在内的品牌概念的广阔外延。虽然也有学者提出城市品牌是以上三类即城市标志、城市形象以及城市关系的总称[8],但是未能就此展开分析。

(二)城市视角界定城市品牌概念

除了直接从城市视角界定的城市品牌概念,大多数城市品牌评价指数指标体系也是基于城市视角的。

先来看城市视角界定的城市品牌概念,李海婴、翟运开提出城市品牌包括诸如"城市建筑、道路、绿化等"在内的硬件以及诸如"市民素质、意识、生活方式等"在内的软件[9],蒲实提出城市品牌包括"城市的整体风格与面貌"以及城市居民的"整体价值观、精神面貌、文化水平等"[10],陈景新、阎茉秋、

---

[1] 陈建新,姜海.试论城市品牌.宁波大学学报(人文科学版),2004(02):77-81.
[2] 孙丽辉,史晓飞.我国城市品牌产生背景及理论溯源.中国行政管理,2005(08):52-54.
[3] 孙湘明,徐皎.城市品牌识别探析.国外建材科技,2005(04):164-166.
[4] 黄志华.论城市品牌与商品品牌的联系与区别.包装工程,2005(04):209-216.
[5] 樊传果.有效提升城市品牌形象的传播手段.传媒观察,2006(09):34-36.
[6] 白长虹,郝胜宇.顾客视角的城市品牌.北大商业评论,2007(05):28-32.
[7] 孙利昌.系统观在城市品牌化中的折射.企业研究,2005(06):45-47.
[8] 李小霞.试论城市品牌与城市形象塑造.沈阳大学学报,2008(05):53-56+60.
[9] 李海婴,翟运开.论城市品牌化.城市管理,2004(03):7-10.
[10] 柏杨.中国城市品牌塑造的理论与实践初探[硕士学位论文].武汉大学.2004.

刘炜提出城市品牌凝聚和体现着城市的"功能、理念、整体价值取向"以及"辐射力"和"吸引力"等[①]，杜青龙提出城市品牌包含城市的"独特的要素禀赋、历史文化沉淀、产业优势"等[②]，赵伟利提出城市品牌涉及到城市的"历史传统、地区文化、民风民俗、市民风范、城市标志、城市特色、经济支柱"等要素[③]，胡晓云、章喆、郑玲玲、柳絮青、车欢达、马鹏、何徐麒提出城市品牌是"以城市政府为主导的"，"城市特质、城市要素"的体现[④]。以上城市视角的城市品牌概念界定的共同点是，从不同角度罗列了城市的要素，但因这些学者的研究背景多为管理学科或传播学科，少有城市规划学科，因而对这些城市要素的内在逻辑性考虑不足。

说到对于城市的要素进行罗列的城市品牌研究，城市品牌评价指数指标体系则更为典型。城市品牌评价方面，国际上主要是西方国家，英国品牌专家西蒙·安霍尔特（Simon Anholt）于2005年提出了国家品牌指数（nation brands index，简称NBI），他在这个指数中使用了出口贸易、文化传统、旅游旅行、政府管理、投资移民以及社会民众等六项指标，在此基础上，2006年他又提出了城市品牌指数（city brand index，简称CBI），他在这个指数中使用了城市声望（presence）、城市区位（place）、城市潜力（potential）、城市心声（pulse）、城市民众素质（people）及城市先决条件（prerequisites）等六项一级指标，这六项指标又被称为"城市品牌六边形"，每一项指标下面又具体细分为若干个二级指标[⑤]。近年来，西蒙·安霍尔特又与相关跨国调研机构合作，在全世界范围内开展最初有30个后来扩展至60个城市为调查主体的有关城市品牌的调查，并依据此连续发布国际城市的品牌指数排名，2014年他又提出了"好国家"（the good country）的概念，并针对这一概念又设计了"好国家指数"（good country index，简称GCI）。因为西蒙·安霍尔特的影响，以及相关调查的调查主体城市范围广，调查样本数量大，所以他的这两项排名在

---

① 陈景新，阎茉秋，刘炜.关于打造城市品牌的战略思考.工业技术经济，2005（03）：34-35.
② 杜青龙.中国城市品牌理论研究与实证分析[硕士学位论文].西南交通大学，2004.
③ 孙丽辉，史晓飞.我国城市品牌产生背景及理论溯源.中国行政管理，2005（08）：52-54.
④ 胡晓云，章喆，郑玲玲，柳絮青，车欢达，马鹏，何徐麒.城市品牌的界定探析.广告大观（理论版），2008（06）：80-85.
⑤ [美]西蒙·安霍尔特.铸造国家、城市和地区的品牌：竞争优势识别系统.葛岩，卢杰，何俊涛译.上海：上海交通大学出版社，2010.

国际上较有影响。中国国内主要是中国社会科学院财政与贸易经济研究所刘彦平等发布的《中国城市营销发展报告》，其中，2018年报告分为文化品牌、旅游品牌、投资品牌、宜居品牌和品牌传播五个主题层并形成五个分项报告①。因为西蒙·安霍尔特的城市品牌指数以国家品牌指数为基础，因为刘彦平等的《中国城市营销发展报告》是在倪鹏飞《中国城市竞争力报告》基础上发展起来的，所以两个评价指数指标体系都不可避免地一方面主要关注城市的外部评价，另一方面主要是建立在经济评价之上的城市各项要素的罗列。另外，由《中国城市报》社、中国标准化研究院、中国品牌建设促进会和中央民族大学等单位联合起草的《品牌评价 城市》（GB/T 35779-2017）虽然尝试从品牌视角切入，提出构成城市品牌综合影响力的城市品牌评价四维度，即城市知名度、城市发展实力、城市品牌呈现和城市综合口碑等二级指标，但是，一方面这四个品牌视角的二级指标的整体系统性和内在逻辑性不足，另一方面这四个从品牌视角切入的二级指标依然要纳入从城市视角切入的城市有形资产、无形资产、质量、服务和技术创新等一级指标，而这些一级指标又再次成为城市各项要素的罗列。

（三）城市品牌概念界定存在的问题

综上，从品牌视角界定的城市品牌概念，只是简单借用源于产品的商业品牌概念，而没有对品牌概念进行系统地分析再予以应用；从城市视角界定的城市品牌概念，以及大多数城市品牌评价指数指标体系，又被城市发展的诸多要素所影响，而对诸多要素的内在逻辑性考虑不足。

三、城市品牌应用研究综述

说到城市品牌应用研究，通过对中外城市品牌应用研究以及更为基础的品牌应用研究的检索，本研究将其主要分为建设、塑造与传播三个既有联系又有区别的部分。

---

① 刘彦平.中国城市营销发展报告（2018）：创新推动高质量发展.北京：中国社会科学出版社，2019.

（一）城市品牌建设、塑造与传播的联系

建设、塑造与传播，三者都具有广义和狭义两种含义。广义上，建设、塑造与传播，尤其是建设与塑造，其客体都是既包括具体的事物，也包括抽象的事物，当三者前面被冠以品牌或城市品牌时，城市品牌建设、城市品牌塑造与城市品牌传播，尤其是品牌建设、品牌塑造与品牌传播，三者之间就会产生紧密联系，甚至难以区分。前文提到的品牌化即 branding 就可以被理解为品牌建设、品牌塑造与品牌传播等多种含义或多种含义的复合。目前较多的品牌和城市品牌应用研究，因为大多直接聚焦于某一具体的品牌和城市品牌主体，某一具体的品牌和城市品牌载体，某一具体的渠道或方式以及工具、手段等，因而大多跳过了对品牌和城市品牌的建设、塑造与传播三个步骤的界定和区分。

（二）城市品牌建设、塑造与传播的区别

建设、塑造与传播，当三者均采用狭义含义，即其词义被严格区分时，品牌建设、品牌塑造与品牌传播，尤其是城市品牌建设、城市品牌塑造与城市品牌传播，就可以被拆分为虽然有所交集但更多是前后相继的三个步骤。虽然如上文所言，目前较多的品牌和城市品牌应用研究大多跳过了对品牌和城市品牌的建设、塑造与传播三个步骤的界定和区分，但仍然可以在相关研究中挖掘出对三者所做的区分。如凯文·莱恩·凯勒在《战略品牌管理》一书中，虽然没有采用建设、塑造与传播三个词语，但还是涉及到了以上三个步骤，一是确立品牌定位并创建强势品牌，二是选择和整合品牌元素，三是设计营销方案和整合营销传播[①]。其中，等同于品牌建设的第一步可以概括为产品的有形实体和抽象概念的生产过程，等同于品牌塑造的第二步可以概括为品牌的有形元素和无形资产的形成过程，等同于品牌传播的第三步可以概括为广告和公关等营销过程。下面本研究再具体挖掘一下已有研究中的城市品牌建设、城市品牌塑造与城市品牌传播三者之间潜在的区别。

城市品牌建设相关研究方面，刘建梅指出，"科技北京"品牌建设应基于

---

① ［美］凯文·莱恩·凯勒.战略品牌管理［第4版］.吴水龙，何云译.北京：中国人民大学出版社，2014.

并综合运用政府、企业和行业协会三个培育路径①；赖明勇和周玉波指出，民众参与、城市特色、城市文化、专业度和系统性等是我国城市品牌建设与发达国家之间存在差距且应该借鉴的几个方面②；陈晔则以艾森哈特提出的位置逻辑、杠杆逻辑和机遇逻辑三种战略逻辑作为战略工具，提出城市品牌建设的策略方法③；胡金林在系统论基础上提出城市品牌建设应遵循扬长避短的优化系统观、天人合一的生态系统观、形神兼备的文化系统观、整合协同的传播系统观和竞合共赢的开放系统观④；王国平指出，因为得益于南宋的定都和南宋历史文化的积淀，建设杭州"生活品牌之城"必须传承南宋的古都遗产，弘扬南宋的优秀文化，不断充实南宋有益的精神内涵⑤；郝胜宇和白长虹提出基于影响顾客城市品牌感知的城市自然条件、生活环境、自然景观、人文景观、城市潜力、产业状况、亲和力的感知和评价等方面建设城市品牌⑥；等等。综合以上城市品牌建设相关研究可以发现，大多都是建立在城市视角界定的城市品牌概念基础上的更加侧重城市建设方面的研究，即将品牌建设关注产品的有形实体和抽象概念的生产过程运用到城市品牌建设关注城市要素的建设上。

城市品牌塑造相关研究方面，武锦桓研究了视觉传达设计在塑造城市品牌形象上的作用⑦；王娥和陶宗华对城市品牌塑造中的合肥旅游网站的构架进行了研究⑧；杨燚、陈云燕和董志鹏基于 CIS 理论对城市品牌塑造模型进行了研究⑨；周泓智针对城市品牌形象塑造中的卡通进行了研究⑩；周月容基于态度理论视角对大型赛事塑造城市品牌进行了研究⑪；吴福珍对广州城市品牌形象塑

---

① 刘建梅.城市品牌成长机理与培育路径研究——以"科技北京"品牌建设为例.城市发展研究，2012，19（09）：129-131.
② 赖明勇，周玉波.国内外城市品牌建设模式差异研究.求索，2011（08）：87-88+160.
③ 陈晔.我国城市品牌建设的战略思维与策略建议.现代管理科学，2010（08）：96-98.
④ 胡金林.系统论与城市品牌建设.湖北社会科学，2009（07）：99-102.
⑤ 王国平.南宋的历史贡献与杭州的城市品牌建设.中共中央党校学报，2008（05）：96-103.
⑥ 郝胜宇，白长虹.从顾客视角建设城市品牌.城市发展研究，2008（01）：60-67.
⑦ 武锦桓.视觉传达设计在塑造城市品牌形象上的作用.大众标准化，2019（18）：49+51.
⑧ 王娥，陶宗华.城市品牌塑造中合肥旅游网站的构架研究.品牌研究，2019（16）：95-96.
⑨ 杨燚，陈云燕，董志鹏.基于CIS理论的城市品牌塑造模型研究.现代商贸工业，2019，40（26）：73-74.
⑩ 周泓智.卡通——城市品牌形象塑造与传播的新思路.大众文艺，2019（13）：247-248.
⑪ 周月容.基于态度理论视角的大型赛事塑造城市品牌策略研究.汉江师范学院学报，2019，39（03）：33-42.

造中的地铁公共艺术进行了研究①；等等。综合以上城市品牌塑造相关研究可以发现，其与城市品牌建设相关研究有所不同，城市品牌建设相关研究因为关注城市要素的建设，所以建设的客体多是宏观的如经济、产业，或者是宏大的如文化、精神，至少也是具体的如企业，或者是有形的如景观等等，所以研究的范畴更广，研究的数量更多；而城市品牌塑造相关研究，范畴要窄一些，数量要少一些，较少的城市品牌塑造相关研究，也较多聚焦于城市品牌形象这一客体。也就是说，城市品牌塑造相关研究，大多是建立在品牌视角界定的城市品牌概念基础上的更加侧重品牌塑造的城市品牌塑造方面的研究，即将品牌塑造关注的有形元素和无形资产的形成过程运用到城市品牌塑造关注品牌元素的塑造上。

城市品牌传播相关研究方面，孙晓魅以拉斯韦尔的"5W"传播模式作为研究范式，对青岛的城市品牌传播进行了探析②；杨清波和周燕飞以重庆媒体"逐梦他乡重庆人"人物故事寻访为例，探讨了大型新闻活动策划及其报道以及全媒体融合手段在城市品牌传播中的作用③；杜欣探讨了VR（虚拟现实技术）给城市品牌传播提供的新视角④；王建彦分别从准确锁定目标受众并挖掘其消费需求、精准定位城市品牌形象、高效整合品牌传播手段、实时交互式舆论引导和直观准确的效果评估五个方面，论述了大数据在城市品牌形象传播中的运用⑤；陈奕以"大武汉"形象的重塑为例，分析了媒介事件视角下的城市品牌传播⑥；黄良奇对城市元素进行了能指和所指的分析，他所提出的"夯实城市形象宣传片的实质内容"的城市元素的能指与前文提到的城市要素和品牌元素基本范畴一致，他所提出的城市元素的所指则涉及到城市品牌传播的形象，可见，城市要素和品牌元素是城市品牌传播的基础⑦；等等。综合以上城市品牌

---

① 吴福珍.广州城市品牌形象塑造——地铁公共艺术研究.文化创新比较研究，2019，3（07）：43-44.
② 孙晓魅.基于"5W"模式的青岛城市品牌传播过程要素分析.视听，2020（02）：214-215.
③ 杨清波，周燕飞.城市品牌构建及传播研究——以重庆媒体"逐梦他乡重庆人"人物故事寻访为例.传媒，2018（01）：85-87.
④ 杜欣.VR技术给城市品牌传播提供的新视角.青年记者，2017（02）：110-111.
⑤ 王建彦，孙宜君.论大数据在城市品牌形象传播中的运用.现代传播（中国传媒大学学报），2015，37（05）：102-104.
⑥ 陈奕，黎俊."媒介事件"视角下的城市品牌传播——以"大武汉"形象的重塑为例.青年记者，2014（14）：13-14.
⑦ 黄良奇.城市元素与城市品牌形象的互动传播机制.中国广播电视学刊，2016（02）：66-69.

传播相关研究可以发现，城市品牌传播是建立在城市要素为主的城市品牌建设和品牌元素为主的城市品牌塑造基础之上的，其研究范畴涉及到围绕广告和公关为主的营销方式、渠道以及工具、手段等。

最后再来看城市品牌建设、塑造与传播的英文表述，建设对应的英文表述主要有 build、construct 等，塑造对应的英文表述有 create、establish、shape、mold 等，传播对应的英文表述有 communicate、spread、disseminate、broadcast、transmit、promote 等。

从以上中英文两种表述可以看出，当三者均采用狭义含义，即其词义被严格区分时，建设和塑造的区别在于，前者的客体更多的是相对具体的事物，而后者的客体更多的是相对抽象的事物。建设、塑造与传播的区别在于，建设、塑造一定程度上都是一个从无到有不断改进和提升的过程，而传播则是一个从内到外不断循环和往复的过程。

（三）城市品牌塑造：连接城市品牌建设与传播的核心环节

综上，本研究仅以城市品牌塑造作为研究主题，因为在城市品牌建设、塑造与传播三者之间，城市品牌塑造一边以城市品牌的建设作为基础，一边又作为城市品牌传播的基础，既是连接城市品牌建设与传播的核心环节，也是理论研究和应用研究的交集。

四、现有研究的问题及城市品牌塑造研究的开展

从品牌视角界定的城市品牌概念，只是简单借用源于产品的商业品牌概念，而没有对品牌概念进行系统地分析再予以应用；从城市视角界定的城市品牌概念，以及大多数城市品牌评价指数指标体系，又被城市发展的诸多要素所影响，而对诸多要素的内在逻辑性考虑不足。

已有的城市品牌塑造研究，大的方面没有理清与城市品牌建设、城市品牌传播的联系特别是区别；小的方面一是重实践轻理论，二是个案分析较多，总结归纳较少。这就要求城市品牌塑造研究的未来方向，有统一的研究框架，有兼顾个案分析又超越个案分析的总结归纳，即完成城市品牌塑造模型的构建与研究。

下一步，首先要对品牌概念进行系统梳理。在品牌概念内涵方面，不只梳理传统媒体环境下的从品牌标识到品牌形象再到品牌关系，也要梳理三者在新媒体和社会化营销环境下的新形式。在品牌概念外延方面，不只梳理包括城市在内的品牌概念的外延，也要梳理城市与品牌概念的其他外延之间的关系。在此基础上，构建出具有整体系统性和内在逻辑性的城市品牌塑造模型，再结合已有的城市品牌塑造研究中零星的案例研究和应用研究对城市品牌塑造各元素作具体研究。

第一章
城市品牌塑造模型的构建

构建具有整体系统性和内在逻辑性的城市品牌塑造模型，首先需要对品牌概念的外延和内涵进行梳理，再将其应用到城市品牌上面。

第一节　现代品牌研究概述

提到品牌，其英文单词 brand 的意为"燃烧"的词源 brandr 常常被提起，事实上，不只是中世纪的欧洲就有生产者燃烧印章然后将其烙印到产品上，古代中国也有许多工匠或自己主动地或被勒令要求将名字刻在产品上，更不用说近代中国商业发展中诸如商号、名牌等与品牌相似的各种形式。与词源分析和追溯历史不同，本研究所要探究的品牌特指成熟市场经济条件下的现代品牌，而成熟市场经济条件下的现代品牌研究，西方早于中国。

一、西方现代品牌研究概述

国内外的大多数文献都认为，在西方，最早是1955年大卫·奥格威（David Ogilvy）在美国广告协会的演说中首次提出了品牌的概念[1]，同年，伯利（B. Burleigh）与利维（S. J. Levy）又发表了第一篇关于品牌的论文[2]，这一时期的品牌概念主要还是围绕品牌标识展开。

1961年，大卫·奥格威在继提出品牌概念之后又具体定义了"品牌形象"（brand image）的概念。品牌形象概念一定程度上是以企业形象为基础的，而关于企业和产品的形象设计与策划活动早在20世纪初就已经出现[3]，最早关于消费者对企业认知的概念可以追溯到20世纪五六十年代的"企业识别系统"（corporate identity system，简称CIS），如前文所言，它包括视觉识别（visual identity，简称VI）、行为识别（behavior identity，简称BI）和理念识别（mind

---

[1] 黄维，聂晓梅. 营销视野下的品牌形象识别理论发展轨迹. 装饰，2012（07）：72-73.
[2] Dowling G.R. Managing Your Corporate Images. Industrial Marketing Management，1986，Vol.15.
[3] 黄维，聂晓梅. 营销视野下的品牌形象识别理论发展轨迹. 装饰，2012（07）：72-73.

identity，简称 MI）三部分。所以本研究所说的品牌形象，更侧重于从具象的"image"到抽象的"identity"。

20世纪80年代以来，品牌尤其是品牌关系日益成为企业极为重要的无形资产之一，学者们也追随行业发展逐渐意识到这一点，这使得品牌理论研究迅速成为管理领域最为重要的课题之一①，"并且成为市场营销学学术研究的重要领域"②。虽然最早提出品牌概念和定义品牌形象的大卫·奥格威也从品牌关系视角重新定义过品牌，但是目前流行的品牌关系的定义主要是20世纪90年代唐·舒尔茨（Don E.Schultz）提出来的。

以上三个时间节点大致勾勒出了随着品牌概念的外延从产品、企业逐步泛化，品牌概念的内涵更是从品牌标识到品牌形象再到品牌关系逐步深化，并且在品牌概念之上，经过前后近70年的发展，围绕品牌已经形成了枝繁叶茂的品牌理论丛林。

二、中国现代品牌研究概述

在中国，通过中国知网检索主题包括"品牌"的文献，可以分析得出，改革开放至今40余年的中国现代品牌研究比照西方现代品牌研究大致可以概括为四个阶段。

一是1978年至1992年的恢复与探索阶段。品牌最初以"名牌"这一术语出现于改革开放初期。其中，1978年至1982年，当时所谓的名牌更多的是强调质量，以1978年开始的"质量月"等活动为代表；1982年至1992年，当时所谓的名牌更多的是强调商标，以1982年通过的首部《中华人民共和国商标法》为代表。以上阶段我国的名牌研究大致等同于西方品牌研究中品牌概念主要依托于产品的品牌标识阶段。

二是1993年至2008年的学习与成长阶段。1992年中共十四大提出发展社会主义市场经济后，1993年开始，名牌研究和品牌研究激增，在部分研究

---

① Keller,K.L,D R Lehmann. Brands and Branding: Research Findings and Future Priorities. Marketing Science，2006，25（06）：740-759.

② 卢泰宏，吴水龙，朱辉煌，何云.品牌理论里程碑探析.外国经济与管理，2009，31(01)：32-42.

聚焦于名牌与品牌的区别和高下的过程中，本土的名牌理论开始与西方的品牌理论交融，1998年之后，品牌研究于1999年开始逐渐多于名牌研究。这一阶段不管是名牌研究还是品牌研究，相关主题都比较纷繁，既有对产品品牌、企业品牌的品牌延伸、品牌组合等战术策略的探讨，也有对品牌概念外延和内涵的建构，外延层面关于个人品牌、国家品牌、城市品牌的研究开始多起来，内涵层面主要有品牌标识、品牌形象、品牌关系等等。

三是2009年至2014年的融入与成型阶段。品牌研究的较快增长持续至2008年，2010年前后，与西方品牌理论基本同步发展了的中国品牌研究出现了集中的理论、概念、内涵等的综述研究，已形成的枝繁叶茂的品牌理论丛林到了首先对品牌概念的内涵进行梳理的时候，经过梳理，品牌理论丛林的基石已基本成型。2012年前后，品牌研究从概念、内涵等的基础建构，产品品牌、企业品牌的战术策略层面，转向更多更为深化和泛化的研究方向，如品牌本真性、品牌危机等等。

四是2014年至今的自身特色形成发展阶段。在新媒体和社会化营销环境下，中国品牌研究一定程度上相对于西方现代品牌研究具备了自身特色与发展。前文已经提到，通过中国知网检索篇名和主题包括"品牌"的文献，2014年开始，虽然"品牌"篇名相关研究文献的数量逐年减少，但是"品牌"主题相关研究文献的数量并未出现大幅波动。分析其背后原因，主要在于新媒体和社会化营销环境下，品牌开始以"网红"、"人设"和"IP"等说法出现，2014年中文世界开始出现"IP"概念，2015年开始出现"网红"研究，2016年开始出现"人设"研究。网红、人设和IP在实践中的活跃，使得相关研究也异常活跃，不过，目前有关网红、人设和IP的研究，一是结合具体案例的应用性研究多于理论性研究，二是未能清晰梳理三者之间的关系，三是未能清晰梳理三者与品牌的关系。

第二节　品牌概念的外延和内涵

品牌理论丛林枝繁叶茂，将其全部梳理清晰，既不可能也无必要。本书旨在基于传统媒体到新媒体和社会化营销的品牌概念演化，构建城市品牌塑造模型并展开研究，因而，只需抽取品牌研究的核心，即，抽取西方从1955年到20世纪50年代末60年代初再到20世纪80年代以来三个时间节点的品牌研究，中国改革开放至今40余年尤其是1993年至2008年的学习与成长阶段，以及2014年至今的新媒体和社会化营销环境下中国现代品牌具有自身特色的发展阶段的品牌研究，也就是西方现代品牌研究与中国现代品牌研究二者所共同包含的品牌概念的外延和内涵部分加以研究。

一、品牌概念的外延

品牌概念的外延方面，凯文·莱恩·凯勒通过列举品牌对象，直接回答了凡是需要沟通并且可以沟通的一切事物都可以品牌化[①]；菲利普·科特勒先是将产品和服务的分类泛化，提出不管是消费品还是产业用品，它们都是有形的，而从广义上讲，产品的概念可以进一步扩展到其他无形的市场提供物，如组织、人员、地点和观念等[②]，进而丰富了用于识别产品或服务的品牌的外延；张锐、张燚、周敏又将这些泛化和被列举的品牌外延进一步划分为纵向层次和横向协作，纵向层次又被他们划分为微观和宏观两大范畴，以及从微观到宏观的产品品牌、个人品牌、社会组织品牌、社区品牌、产业品牌、城市品牌、地方品牌、地区品牌、国家品牌和区域品牌共十大类别，横向协作又被他们划分为活动品牌、事件品牌、故事品牌、技术品牌、概念品牌和思想品牌共六个方面[③]。

综上，本研究将品牌概念的外延概括为物、人和事这一具体的基础维度，还有经济、社会和文化这一抽象的派生维度，以及既是由物、人和事的基础维度构成，又是由经济、社会和文化的派生维度构成的"城"这一特别维度，即以城市品牌为代表的城的品牌。下面，本节先梳理其中的物、人和事的品牌，以及经济、社会和文化的品牌，城市品牌将在后文单独阐述。

---

① [美]凯文·莱恩·凯勒. 战略品牌管理 [第4版]. 吴水龙，何云译. 北京：中国人民大学出版社，2014，10-20.

② [美]菲利普·科特勒，加里·阿姆斯特朗. 市场营销：原理与实践 [第16版]. 楼尊译. 北京：中国人民大学出版社，2015，229-234.

③ 张锐，张燚，周敏. 论品牌的内涵与外延. 管理学报，2010，7（01）：147-158.

（一）物、人和事的品牌

现代品牌最初的外延是物，即产品，尤其是有形产品，其中经过从消费品到产业用品的过程，再到具有"生命周期的快速性和短暂性"特点的高科技产品，"无形的、多变的"服务的品牌化也晚于有形产品的品牌化[①]。品牌概念最早从产品扩展至相关企业，最先起步的应当是如下四种类型：一是非消费品生产企业，也就是其产品较难品牌化的产业用品生产企业，在中国比较容易理解的例子有诸如中国石油大庆油田、鞍钢集团等；二是大型经销商，比如零售商和分销商，以超市为代表的零售商在销售生产商的品牌外，开发"商店品牌"或是"自有品牌"即反映了这种趋势；三是在线品牌和服务，因为其产品或者是生产商的，或者其服务是无形的，因而更需要其"能够恰当定位"[②]；四是以提供体验式产品或服务为主的体育、艺术和娱乐业，值得注意的一点是这类企业品牌与下文的人的品牌交叉较多。企业品牌之上可能形成产业品牌。企业和产业这种营利性组织的品牌化带动了各类非营利性组织的品牌化。所以，品牌外延中的物包括产品或服务、企业、产业和组织机构等。目前在中国，前文提到的2015年开始出现的"网红"，早已溢出其最初的特指网络红人的边界，各类网红产品、网红企业，甚至网红城市都开始层出不穷，可见，网红一定程度上已经成为以上以物为主的品牌的新形式。

说到人的品牌，一方面，现代品牌概念的起源是古代工匠的个人品牌；另一方面，现代品牌最初的外延，即物的背后也是人，不只包括产品背后的生产者，还有产品或企业的代言人，再到企业品牌时，企业创始人、不同行业的专业人士也都可以形成品牌，体育、艺术和娱乐业品牌更是催生了大批娱乐明星、体育名人等，而随着城市的品牌化，城市管理者甚至国家领导都可以形成品牌。以上各类人的品牌的发展，基本分为两条发展路径：一是依托产品品牌和服务品牌而来，它又分为两种，直接关联的如产品和服务背后的生产者、服务标兵、企业家、创业者等，间接关联的如产品和服务的代言人，甚至消费者

---

① ［美］凯文·莱恩·凯勒.战略品牌管理［第4版］.吴水龙，何云译.北京：中国人民大学出版社，2014，10-15.

② ［美］凯文·莱恩·凯勒.战略品牌管理［第4版］.吴水龙，何云译.北京：中国人民大学出版社，2014，16-20.

等。二是在经济社会文化发展中独立发展出来的人的品牌，如改革开放至今政府一直鼓励和倡导的科学家等，20世纪80年代的诗人、作家等，20世纪90年代开始被推崇的影视明星、歌星，以及此后的体育明星，特别是近年来随着新媒体和社会化营销的兴起而崛起的流量明星、各类网络红人等。人的品牌的研究一方面起步较晚，检索中国知网，1998年才第一次出现"个人品牌"研究的文献，另一方面其研究也较多关注依托产品品牌和服务品牌而来的第一条路径，而较少关注独立发展出来的第二条路径，而第二条路径的人的品牌才是当下和未来的主流，也更有其独立的、广阔的发展空间。前文提到的2016年开始出现的"人设"，最初所指多数应当属于人的品牌发展的第二条路径，可见，人设一定程度上已经成为以上以人为主的品牌的新形式。

物的品牌与人的品牌结合在一起就会形成事的品牌，张锐、张燚、周敏提出的活动品牌、事件品牌、故事品牌等概念应当就属此列。但是，检索中国知网，"活动品牌"、"事件品牌"、"故事品牌"等主题的相关研究文献极少。如果将事的品牌也分为同人的品牌相似的两条发展路径，极少的这部分研究基本都属于依托产品品牌和服务品牌而来的事的品牌的第一条路径，即研究的都是产品和企业的营销活动、事件营销，以及为品牌服务的品牌故事等，这些虽在理论和实践两方面都有所发展，但较之于庞大的品牌体系，只占很小的比例。而经济社会文化发展中独立发展出来的事的品牌的第二条路径，以上商业性企业运作的活动、事件和演绎的故事，只有很小的比例能够跳出其原有的产品和企业品牌，更多是由非营利性组织所组织的社会公益、文化体育等活动、事件，以及没有特定组织的自发的社会公益、文化体育等活动、事件和伴随这些活动、事件相关的故事。在物质消费需求日益让位于精神消费需求的当下，这些"可产生范围经济效应和间接网络效应"[①]的活动、事件、故事，更有其独立的、广阔的发展空间。前文提到的2014年开始出现的"IP"，最初所指多数应当属于事的品牌发展的第二条路径中的故事，当然也包括活动和事件，可见，IP一定程度上已经成为以上以事为主的品牌的新形式。

---

① 张俊.IP在文化产业链中的价值流动规律研究.科技与出版，2017（01）：104-108.

(二)经济、社会和文化的品牌

当品牌概念的外延主要是产品或服务、企业和产业时,品牌概念的抽象维度的外延还主要是经济。

当品牌概念具体的物的外延从企业和产业这种营利性组织泛化至各类非营利性组织,这些组织机构的品牌化就使得品牌概念的抽象维度的外延从经济泛化至了社会。非营利性组织机构的实体的组织形式与企业相仿,因而其品牌概念的外延泛化至社会的特征尚不鲜明,但是其实体组织背后的观念等品牌概念的外延泛化至社会的特征却很明显,甚至反过来也影响企业和产业等营利性组织将其品牌的外延从经济泛化至社会。

菲利普·科特勒提出的"观念"的品牌概念外延,凯文·莱恩·凯勒列举的"想法和理念"的品牌概念外延,张锐、张燚、周敏提出的"技术品牌"、"概念品牌"和"思想品牌",都可被视作品牌概念外延从经济向社会进而向文化的泛化。

检索中国知网,以上主题,尤其是张锐、张燚、周敏提出的"概念品牌"和"思想品牌"的概念都不曾有深度研究的文献,而对以上概念进行概括性的"文化品牌"以及"社会品牌"相关研究,也同人的品牌、事的品牌相似,较多是第一条路径,不过,同人的品牌、事的品牌略有不同的是,人和事的品牌发展的第一条路径主要是依托产品品牌或服务品牌而来的,而社会品牌和文化品牌发展的第一条路径则不只是依托产品品牌和服务品牌而来的,比如文化品牌,一般都有限定词将其限定到具体的某一特定文化或者文化产品、文化企业上,并且大多还依托更为宏观的产业品牌或区域品牌,如"中华酒文化品牌"、"甘肃丝路文化品牌"。社会品牌和文化品牌的发展较多是第一条路径,这意味着,在物质消费需求日益让位于精神消费需求的当下,抽象的派生维度的社会品牌和文化品牌,与具体的基础维度的人的品牌和事的品牌一样,更有其独立的、广阔的发展空间。前文提到的2014年开始出现的"IP",最初所指多数应当属于事的品牌发展的第二条路径中的故事、活动和事件的同时,也多数应当属于文化品牌。

二、品牌概念的内涵

不管是西方从 1955 年到 20 世纪 50 年代末 60 年代初再到 20 世纪 80 年代以来三个时间节点的逐步深化，还是中国 1993 年至 2008 年的品牌研究的学习与成长阶段的系统输入，品牌概念的内涵包含以美国市场营销协会（American Marketing Association，简称 AMA）和菲利普·科特勒为代表的"品牌标识派"，以大卫·奥格威为代表的"品牌形象派"和以唐·舒尔茨为代表的"品牌关系派"[①]。而 2014 年至今的新媒体和社会化营销环境下中国品牌研究相对于西方现代品牌研究的具备自身特色的发展阶段，中国品牌研究主题主要有网红、人设和 IP。

综上，本节将从传统媒体环境下的品牌标识、品牌形象、品牌关系和新媒体和社会化营销环境下的网红、人设、IP 两方面来梳理品牌概念的内涵。

（一）品牌标识到品牌形象再到品牌关系

美国市场营销协会对品牌的定义是，品牌是名称或专有名词，标记或符号，以及设计，或者是以上元素的某种组合运用，品牌可被用于识别某个销售商或销售商群体的商品或服务[②]。菲利普·科特勒的品牌定义与美国市场营销协会的品牌定义类似，他认为，品牌是名称或术语，标记或符号，以及设计，或者是以上元素的某种组合运用，品牌可被用于识别产品或服务的生产者或销售者[③]。虽然菲利普·科特勒还提出品牌可以从属性、利益、价值、文化、个性、使用者这六个方面向消费者提供可资辨别的出售者的信息，但是其与美国市场营销协会一样，二者都主要围绕品牌标识对品牌进行定义，仍将品牌定义的重心放在了品牌方，放在了品牌所依附的产品上，因而他们所定义的品牌也是相对客观的。建立在以上品牌的客观定义基础上的品牌研究与实践也多停留在具体的设计等战术层面。

虽然大卫·奥格威最早于 1955 年首次提出了品牌概念，并于品牌关系盛

---

① 朱红亮.品牌概念的发展嬗变.西北师大学报（社会科学版），2009，46（04）：118-120.
② ［美］凯文·莱恩·凯勒.战略品牌管理［第4版］.吴水龙，何云译.北京：中国人民大学出版社，2014，4.
③ ［美］菲利普·科特勒，加里·阿姆斯特朗.市场营销：原理与实践［第16版］.楼尊译.北京：中国人民大学出版社，2015，234.

行之后的 20 世纪末又从品牌关系视角重新定义了品牌，但其对品牌的定义更多是围绕品牌形象展开的，因此他也被称为"品牌形象之父"。大卫·奥格威提出，品牌是一种"错综复杂的象征"，除了"属性、包装、名称、价格"之外他又增加了"历史、声誉、广告风格"等元素，而且提出品牌是以上元素的"无形"组合[①]，这意味着品牌不再只是依附于产品之上的客观可见的名称或术语，标记或符号，以及设计等元素，还包括无形的历史，客观与主观结合的声誉，既无形又是客观与主观结合的广告风格。大卫·奥格威将品牌的重心从品牌方拉到消费者一方，将品牌从它所依附的产品中抽离，因而他所定义的品牌也是关注主观的。此后，1972 年艾·里斯（Ai Ries）和杰克·特劳特（Jack Trout）又提出了定位理论，定位理论的核心为是"消费者"而不是"广告主和广告代理商"在定位产品[②]。定位理论既是对品牌形象理论的强化，也为品牌形象的研究和实践提供了指导，品牌方在进行品牌形象塑造时仍需要包括品牌标识设计等设计工作在内的战术层面的工作，但践行定位理论的品牌工作已被从具体的设计等战术层面提升到了战略高度。

20 世纪 90 年代以来，唐·舒尔茨提出了整合营销传播理论，对传统营销理论进行了大胆的颠覆。他认为，从整合营销传播的高度来看，品牌是用来界定"买者和卖者之间关系"的[③]，品牌关系理论一定程度上整合了品牌标识和品牌形象两个理论，强调品牌方和消费者的互动，品牌关系论中的品牌既依托品牌方提供的产品等的客观情况，更关注消费者的主观感受。品牌关系理论中的品牌是动态的、双向的，基于此，品牌战略的复杂性和想象空间都被无限放大。特别是 20 世纪 80 年代以来，在全球各地尤其是西方发达国家，唯有强势品牌能够在激烈市场竞争中的价格战压力下胜出，更有许多强势品牌在被收购时卖得高于其有形资产数十倍的价格，这些使得公司更加重视一定程度上价值可以被量化的品牌，从而促使学术界提出了品牌资产的概念，建立在品牌标识和品牌形象基础上的品牌关系，被视为最大的品牌资产，对品牌关系这一资产的运营，成为品牌战略的重要研究方向。

---

① 陶晓红.品牌文化是品牌力的重要依托.管理现代化，2003（02）：27-29.
② [美]艾尔·里斯，杰克·特劳特.定位.邓德隆，火华强译.北京：机械工业出版社，2018.
③ [美]唐·舒尔茨，海蒂·舒尔茨.唐·舒尔茨论品牌.高增安，赵红译.北京：人民邮电出版社，2005，83.

（二）网红到人设再到 IP

2015 年 12 月，在《咬文嚼字》杂志公布的 2015 年度十大流行语中，"网红"赫然在列。如前文所言，网红最初是"网络红人"的简称，是"当代社会的一种新型名人"①。网络红人按照网络技术划分大致经历了第一代网络文字时代红人，第二代网络图文时代红人，以及第三代网络宽频时代和移动时代红人三个阶段。较之于没有成熟商业模式的前两代，第三代网红因为产业链的成熟，红人类型也更加多元，在微博、微信、知乎、豆瓣、B 站、抖音、快手等各类社交平台上活跃的包括美妆、美食、旅行、萌宠、教育、科技、游戏等各垂直领域的达人及意见领袖都属此列。网络红人类型的多元推动了网红不再特指人，也包括网红经济推动的网红产品和抽象的社会现象等，网红城市也属此列。细数从人到物和社会现象的网红，"痞子蔡"的网络小说《第一次亲密接触》和其中名为"轻舞飞扬"的女主人公、"芙蓉姐姐"的 S 造型，罗振宇的"每天早上 60 秒语音"，一个表情包，一句流行语，重庆的洪崖洞夜景、穿楼穿塔的轻轨，西安的摔碗酒、毛笔酥、不倒翁小姐姐，所有这些网红都曾因某个爆点迅速爆红。网红的符号化的爆点与品牌标识中的标记或符号以及设计等十分相似，也就是说，某种意义上，网红是传统媒体环境下的品牌标识在新媒体和社会化营销环境下的新形式。网红与品牌有关联，这在实践和研究中都有所体现，但是，网红只是品牌发展的最初阶段即品牌标识阶段，这一点将贯穿于后文的网红与网红城市研究中。

人设最初是"人物设定"的简称，最初在文学为主的艺术创作和研究领域使用，主要关注人物性格及社会背景等方面；后来发展到漫画和游戏领域时加大了对角色设计之外的人物造型的关注，因而也从创作者和研究者角度扩展至了受众角度；近年来进一步扩展到受众更为广大的影视领域，但随着新媒体和社会化营销的兴起，受众更关注的不再是影视作品里的人物设定，也不再是"类型演员"，而是演员或明星本身；这就进一步让明星脱离其在某一作品中的人物设定，也脱离其表演风格，转而设立其在现实中的个人形象，2016 年开始的人设研究多属此类基于现实中的明星的性格、行为的人设的设立。同网

---

① 孙婧，王新新. 网红与网红经济——基于名人理论的评析. 外国经济与管理，2019，41（04）：18-30.

红一样，随着明星类型更加多元，传统演员或歌手，以及体育名人或知识名人之外，综艺明星、流量明星，甚至秀场类主播、泛生活类主播、游戏主播、电商主播等构成的网络红人都逐步有了自己的人设，甚至普通人也都设立自己的人设，这进一步推动了人设的泛化，即人设不再特指具体的人的设定，产品、企业和机构也要设立自己的人设，城市人设也属此列。细数人设的发展，文学、漫画和游戏中的人设是由创作者自主设定的，影视作品里的人设是由创作者和表演者共同设定的，而当下所谓的人设则是通过"复杂的社会交际"[①]而逐渐形成的，"网生代"的粉丝在多元类型的明星的人设设立过程中都表现出了极其强大的"参与性和操控性"[②]。这种粉丝参与和操控明星人设的现象与消费者定位产品如出一辙，也就是说，某种意义上，人设是传统媒体环境下的品牌形象在新媒体和社会化营销环境下的新形式。同网红一样，人设与品牌有关联，这在实践和研究中都有所体现，但是，人设只是品牌发展的品牌形象阶段，这一点将贯穿于后文的人设与城市人设研究中。

IP 是中文世界的独有词汇，它是 Intellectual Property 的简称，但是它又不简单等同于知识产权的含义。2014 年发端于网络文学的 IP，最早大致等同于版权的商业化。在中国，2015 年被认为是 IP 元年，IP 从最初的网络文学进一步发展至被业内人士戏称为 IP 产业链条上的"四大天王"[③]，即出版、影视、动漫、游戏等行业。在这些行业的基础上，IP 进一步发展为与传媒产业、内容产业，以及娱乐产业、文化创意产业等更为宽泛的产业。文化创意产业和文旅产业发达的城市更是在此基础上开始进行城市 IP 的开发和运营。能够在文化产业内各行业之间，非文化产业中，以及社会生活中跨界融合是 IP 的本质优势[④]，这种跨界融合的本质优势主要依托新媒体和社会化营销环境下 IP 运营方与受众之间"主客互动"与"客客互动"带来的"情感认同"[⑤]。互动与情感认同（即关系）在 IP 中非常重要，也就是说，某种意义上，IP 是传统媒体环境下的品牌关系在新媒体和社会化营销环境下的新形式。较之于网红、人设，IP

---

① 蔺伟. "人设"，你真的懂吗?. 语言文字报，2019-01-30（003）.
② 张慧喆. 符号的进击：解读互联网语境下的几种电视热点现象. 当代电视，2018（08）：93-95.
③ 张慧芳. 在 IP 运营中：出版只发现、创造、推广并引爆核心价值. 中国出版，2016（15）：51-53.
④ 本刊记者. 关于 IP 与 IP 跨界运营若干问题的探讨. 编辑之友，2019（01）：10-19.
⑤ 董妍. IP 内容营销优势及本质探析——基于受众沉浸体验的跨界粉丝聚集效应. 当代传播，2016（05）：68-70.

与品牌的关联最为密切,IP 是品牌发展的高级阶段即品牌关系阶段,这也解释了为什么网红打造和人设设立的终极目标也都涉及到 IP 运营。不仅是 IP 与品牌的关联,网红到人设再到 IP 与品牌标识到品牌形象再到品牌关系的对应关系,将贯穿于后文的 IP 与城市 IP 研究中。

第三节 基于品牌概念构建城市品牌塑造的模型

品牌概念的外延包括物、人和事这一具体的基础维度,经济、社会和文化这一抽象的派生维度,品牌概念的内涵经过了传统媒体环境下的品牌标识到品牌形象再到品牌关系,以及对应的新媒体和社会化营销环境下的网红到人设再到 IP 的演化,下面本研究就以此为基础构建城市品牌塑造模型。

一、从概念外延看城市品牌发展

城市为代表的城的品牌是品牌概念外延的一个特别维度,因为它既是由物、人和事三个具体的基础维度的品牌构成的,又是由经济、社会和文化三个抽象的派生维度的品牌构成的。基于此,城市品牌的发展,也基本分为两条发展路径。

第一条路径,城市品牌主要依托具体的产品品牌、企业品牌和产业品牌,以及对应的抽象的经济品牌,或者即便城市品牌依托人的品牌和事的品牌,它所依托的人的品牌和事的品牌也是第一条路径即主要依托产品品牌和服务品牌而来的。这一发展路径在早期的城市品牌研究甚至是早期的品牌研究中占据主流,当时的学者和研究不仅认为"精品、名牌"能够反映城市甚至国家的"综合国力和经济发展水平",更是将其上升为"国家的精神"、"民族的形象"的代表,认为品牌能够象征"国家在国际社会中的地位"[①]。

第二条路径,将城市作为一个整体,城市品牌更主要依托其社会品牌和

---

① 胡扬.精品名牌的威力到底在哪里?.中国工商,1993(11):19-22.

文化品牌，也依托构成抽象的社会品牌和文化品牌的具体的人的品牌和事的品牌，不过这里的人的品牌和事的品牌也主要是第二条路径且是独立发展起来的。

二、从概念内涵看城市品牌发展

与品牌概念内涵从传统媒体环境下的品牌标识到品牌形象再到品牌关系，以及对应的新媒体和社会化营销环境下的网红到人设再到 IP 的演化一样，城市品牌也包括传统媒体环境下的发展，以及新媒体和社会化营销环境下的发展。

品牌标识主要包括名称或术语，标记或符号，以及设计等元素及某种组合，对应到城市品牌标识主要有"象征性"标识，自然景观、建筑景观、街区景观、空间景观等在内的"景观性"标识，文化遗存、文化景观等在内的"文化性"标识三部分[①]。三者基本都属于物的范畴，尤其是后两者的城市景观性标识和城市文化性标识，是城市品牌标识较之于一般的产品品牌标识，甚至企业品牌标识和产业品牌标识等，更为丰富的部分。传统媒体环境下，借鉴着诸如企业 LOGO、产品或企业命名、广告语和宣传海报等一般的产品品牌标识、企业品牌标识和产业品牌标识等，城市标志、城市名称、城市口号和宣传语等城市象征性标识发展比较充分。新媒体和社会化营销环境下，"BGM（城市音乐）、Eating（本地饮食）、Scenery（景观景色）、Technology（科技感的设施）"[②]这四类辨识度高的城市景观性标识和文化性标识首先造就了一批网红城市。因为城市网红元素能够短时间聚集人气，增加旅游收入，目前许多城市都把打造网红城市作为城市营销的重要手段，所以城市网红元素也多与城市的经济发展之间的关系更为紧密。

品牌形象是品牌属性、包装、名称、价格等相对客观的元素，以及历史、声誉、广告风格等相对主观的元素共同构成的无形组合，最早的品牌形象与企业识别系统即 CIS 有关，对应到城市品牌形象则包括城市品牌视觉形象、城市

---

① 姜智彬.城市品牌的系统结构及其构成要素.山西财经大学学报,2007(08):52-56.
② 李卓.抖音＋清华发布：短视频与城市形象研究白皮书（全文）.https://www.sohu.com/a/254628329_152615, 2018-09-18/2019-11-16.

品牌行为形象和城市品牌理念形象三部分。三者基本都属于人的范畴，尤其是后两者的城市行为形象和城市理念形象，是城市品牌形象较之于一般的企业品牌形象和产业品牌形象等，尤其是产品品牌形象，更为丰富的部分。传统媒体环境下，借鉴着诸如企业宣传片和产品广告片、企业代言人或产品代言人、企业吉祥物等一般的产品品牌形象、企业品牌形象和产业品牌形象等，城市形象片，以及常常在形象片中出现的城市代言人，还有常常出现在城市形象片和城市大型活动中的城市吉祥物等城市视觉形象发展比较充分。而在当下人口在不同城市之间流动日益频繁，以及新媒体和社会化营销环境下，受众对一座城市的品牌形象除城市形象片、城市代言人和城市吉祥物等视觉形象外，更包括城市市民和居民尤其是其中的城市政府和管理者的行为形象，以及抽象于具体的城市市民和居民以及城市政府和管理者的行为形象的城市的理念形象，这就需要城市结合自身情况以及目标受众情况为自己设立一个能够立得住的人设，这个人设既是包括城市普通市民和居民在内的城市相关的人的行为的集中体现，也是这座城市的理念的集中体现。与城市打造网红重点关注经济发展不同，城市人设设立与城市的社会治理之间的关系更为紧密。

　　品牌是用来界定买者和卖者之间关系的，对应到城市品牌关系，相较于一般的产品品牌关系，甚至企业品牌关系和产业品牌关系等，城市品牌关系是极为复杂的，围绕城市品牌的关系，既包括城市政府、城市内部其他组织机构、市民和居民分别与城市外部组织机构、外来投资者、迁入者、旅游者、商务访问者等彼此间的外部关系，也包括政府与城市内部其他组织机构、市民和居民等彼此间的内部关系，所以城市品牌关系的运营，不只包括备受城市政府和管理者重视的大型活动，更包括临时的、随时的对于各类危机事件的处理甚至借势营销，而城市品牌关系更多渗透于日常发生的城市故事之中。活动、事件和故事，三者基本都属于事的范畴，而城市活动营销、城市危机事件处理和城市故事的讲述，三者较之于一般的企业品牌关系和产业品牌关系等，尤其是产品品牌关系，因更为复杂而更为丰富。传统媒体环境下，借鉴企业公共关系营销而放大运营的节庆、会展、赛事等城市大型活动发展比较充分。新媒体和社会化营销环境下，不只是准备充分的城市大型活动，临时、随时发生的城市危机事件，日常发生的城市故事，都可以形成城市与外部受众之间的连接。而大型活动、事件和故事串联在一起就形成了彰显城市文化的城市IP。

三、城市品牌塑造模型

从概念外延看城市品牌发展，城市物的品牌与城市经济品牌、城市人的品牌与城市社会品牌、城市事的品牌与城市文化品牌三组对应关系已经有所呈现。再从概念内涵看城市品牌发展。一是从城市品牌标识到城市物的品牌，再到网红城市，进而到城市经济发展；二是从城市品牌形象到城市人的品牌，再到城市人设，进而到城市社会治理；三是从城市品牌关系到城市事的品牌，再到城市IP，进而到城市文化彰显；三组对应关系呈现得更加清晰。

综上，城市品牌塑造模型包括以下几个层次。

城市品牌塑造模型的起点是传统媒体环境下的城市品牌标识到城市品牌形象再到城市品牌关系的内涵。

城市品牌标识主要包括城市品牌象征性标识、城市品牌景观性标识和城市品牌文化性标识三部分，三者对应的具体外延主要是城市的物。传统媒体环境下，城市品牌象征性标识发展比较充分；新媒体和社会化营销环境下，已有城市品牌标识开始网红化，未来，城市品牌标识网红化成为必然，城市品牌标识的网红化主要对应的是城市品牌的抽象外延中的经济。

城市品牌形象主要包括城市品牌视觉形象、城市品牌行为形象和城市品牌理念形象三部分，三者对应的具体外延主要是城市的人。传统媒体环境下，城市品牌视觉形象发展比较充分；新媒体和社会化营销环境下，已有城市品牌形象开始人设化，未来，城市品牌形象人设化成为必然，城市品牌形象的人设化主要对应的是城市品牌的抽象外延中的社会。

城市品牌关系主要包括城市品牌活动营销、城市品牌事件营销和城市品牌故事营销，三者对应的具体外延主要是城市的事。传统媒体环境下，城市活动营销发展比较充分；新媒体和社会化营销环境下，已有城市活动、事件和故事开始IP化，未来，城市品牌关系IP化成为必然，城市品牌关系的IP化主要对应的是城市品牌的抽象外延中的文化。

最后，随着城市品牌在新媒体和社会化营销环境下的发展，关注城市经济发展的城市的物的品牌为主的城市品牌标识的网红化，还应当进一步发展到关注城市社会治理的城市的人的品牌为主的城市品牌形象的人设化，最终发展到关注城市文化彰显的城市的事的品牌为主的城市品牌关系的IP化。

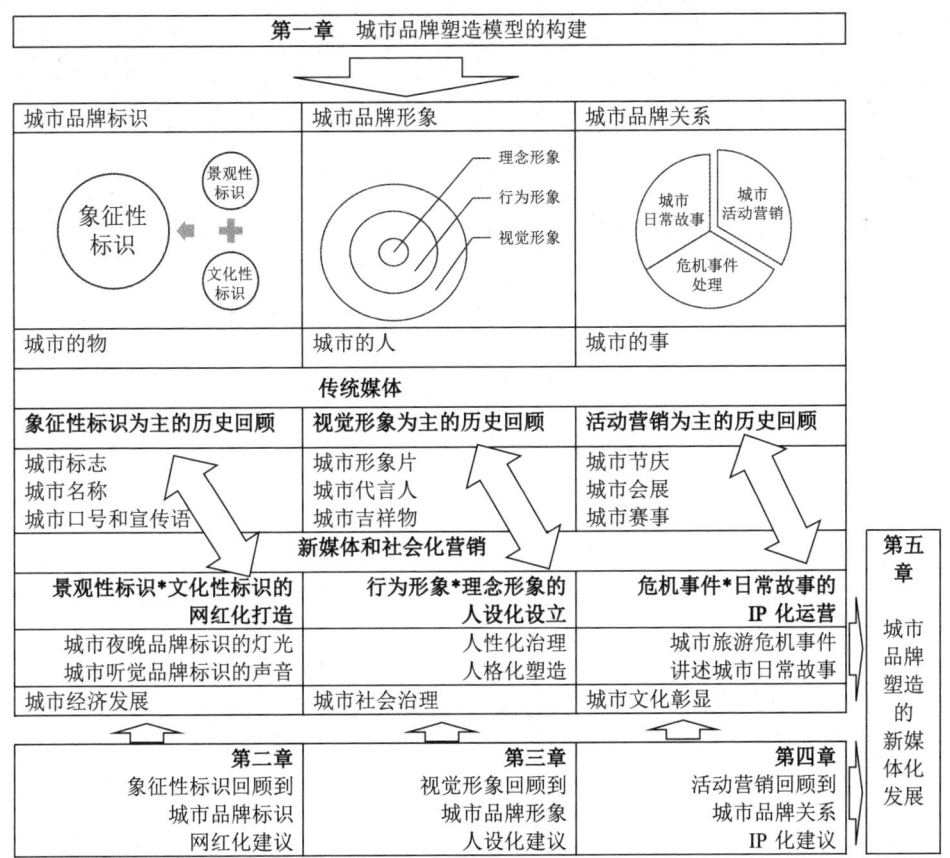

城市品牌塑造模型研究架构

第二章
象征性标识回顾到城市品牌标识网红化建议

通过前文以品牌概念的内涵和外延为框架对城市品牌的梳理，城市品牌标识即城市品牌的物的范畴，早期多以城市标志、城市名称、城市口号和宣传语等象征性标识为主，近年来则以网红化发展的景观性标识和文化性标识的典型代表为主，而各个城市打造网红元素的主要目标是促进城市经济发展。

下文先对城市标志、城市名称、城市口号和宣传语等早期的城市品牌象征性标识发展的历史进行回顾，总结其中问题，推导出城市品牌标识在当前发展过程中以景观性标识和文化性标识的典型代表为主打造网红城市的必然性，验证前文城市品牌塑造模型中城市品牌标识从象征性标识为主到景观性标识和文化性标识为主的网红化的假设的合理性，并提出城市品牌标识进一步网红化建议。

第一节　象征性标识发展的历史回顾和主要问题

改革开放后，自20世纪80年代开始，中国各城市为打造城市品牌，就开始借鉴品牌当时集中于商标、专利、包装、设计等品牌标识层面的经验，着力于市花市树、市鸟市兽、市徽市旗、市歌，城市LOGO，城市正称、城市别称，城市口号、宣传语等与品牌标识相对应的城市品牌的象征性标识的打造上。以上各种城市品牌象征性标识的发展不仅在时间上，而且在内容上，都是彼此交叉、难解难分的。为便于回顾，笔者将其分为包括以市花市树市鸟等为基础的市徽到城市LOGO的城市标志，包括城市正称和别称的城市名称，以及本应是分别侧重口头形式和书面形式但在实际使用过程中混用，因而本章一并讨论的城市口号和宣传语三部分。

一、城市标志：从市徽到开放发展的LOGO

城市标志，又称城市徽标，简称城标、市标等，在中国大体经历了从市徽到LOGO的演变过程，而这一演变过程也揭示了其发展的趋势。

（一）市徽：从西学东渐到水土不服

一方面，市徽，因为其图案上通常有城市的特有标志物，如植物、动物等自然元素，而这些植物、动物又多为市花市树、市鸟市兽，因而说到市徽，必须首先说到市花市树、市鸟市兽，尤其是其中出现较多的市花市树市鸟和出现最多的市花。另一方面，市徽中的图案又常常被用到市旗上面，所以说到市徽，大多也要一起说到市旗。总之，说到市徽，不应当单纯分析市徽，而应当同时分析与之相关的市花市树、市鸟市兽与市旗等。

在中国，近代尤其是民国时期，随国花发展而来或与国花同步发展甚至较国花超前发展的市花的发展，开始了市徽的西学东渐的过程，而现代尤其是改革开放后，市徽以及其图案被用于其上的市旗的发展，因水土不服而基本终结，并且由于市徽市旗的问题，市花市树市鸟等的发展也一度出现中断。

1. 市徽的西学东渐

市徽的西学东渐，首先要从市花、国花说起。

市花，常与国花相伴相生，而市花、国花在我国的出现，近可追溯到民国时期。辛亥革命后即有文化界为主的各界人士对国花展开讨论，甚至有部分地方首先自行评选确定了自己的市花，但市花、国花的评选正式进入时任南京国民政府的议事日程，却是在国民革命形式上统一了全国的1927年之后。先说部分城市尤其是当时的特别市首先正式评选确定了市花，1928年7月，时任南京国民政府通过《特别市组织法》和《市组织法》两部法规，将当时的全国城市划分为特别市和普通市两种类型，其中，包括南京、北平、上海、广州、天津、青岛、汉口等7座城市在内的特别市享有与省平级的特殊地位，此后不久，这7座特别市"适应世界潮流之趋势，援照欧美各国之先例"，展开了市花评选活动，再之后，越来越多的普通市也自发地评选确定了自己的市花。相较于市花，关于国花的讨论更早更多更持久，1928年，南京国民政府开始代表中国进行国际交往，在国际交往中，其他国家大多有国花，唯独中国没有，这使得社会各界越发关注国花的评选确定，在各界关注讨论中，主张以梅花作为国花的意见占了绝大多数，虽然因为当时时局动荡，国花最终也未能被正式评选确定，但是当时梅花图案还是被用于当时的国币、邮票，军服帽徽和军阶，建筑物和公共场所等各处，所以，在当时的国人心目中，梅花自然成了公认的国花。①

学习其他国家评选确定国花，还可从民国追溯到清朝。清朝末期，慈禧"垂帘听政"期间将牡丹正式确定为国花，并且在颐和园修筑了国花台②。而牡丹之所以被清朝确定为国花，主要是因为自隋唐以来牡丹一直被视为"百花之王"，由此可见，在中国古代，牡丹虽无国花之名，却早有国花之实。

向其他国家学习，清朝时期确定国花，民国时期除评选国花、确定市花之外，也有部分城市确定市花是为了设计市徽的。早在1922年，有留学经历，受过西方文化熏陶和影响的时任昆明市政公所督办张维翰确立把昆明建设成为文明城市的目标后，在其草拟的《昆明市政计划大纲》中将茶花确定为市花，并以茶花为主要元素设计确定了市徽。

既然以上都学自其他国家，那么接下来就来简单看一下早于中国清朝和民国时期的其他国家主要是西方国家的国花、市花等的发展，还有主要以国花、市花等为基础的国徽、市徽的发展。

国花国树，以及国鸟国兽，一般与一国的文化历史或宗教根源关联，但国花历史最为悠久，甚至可以追溯到最早确定油橄榄为国花的古希腊，早在公元前12至公元前8世纪有文字记载的古希腊神话故事中，希腊人就把油橄榄尊为国花。油橄榄被确定为希腊的国花，看似因为神话故事中它是神赐予人类和平与幸福的象征，实则有其现实基础。因为油橄榄五至六年开始结实，结实早，寿命长，一般可达三四百年，而且最适宜生长在希腊这种夏季炎热干燥、冬季温和多雨的地中海式气候地区。

以国花、市花等为基础的各种类型的徽标和旗帜，则在文化历史或宗教根源之上，多与政治，如城邦制以及其中的贵族制相关联。较早的徽标类型是源自于盾形纹章设计样式的欧洲城市徽标。盾形纹章也称为"盾徽"或"袍徽"，有时也被直接简称为"纹章"，它始于12世纪的欧洲战场上，原是战士为了在战斗中辨识敌我身份而穿在盔甲外或代替盔甲的布料短上衣，这一时期纹章是贵族专利，后来学校、教堂、行会和企业也采用纹章当作一种象征图案，以反映出它们的历史或起源。古代的市徽一般由文字、动物或几何纹样构成，内

---

① 刘作忠．中国近代的国花与市花小史．寻根，2009（03）：58-64．
② 陈冠群，江源，任丽，申晓辉．国花、市花设立现状调查与分析．园林，2012（04）：76-80．

容上是族群、姓氏、环境、神话等多种元素的结合，它们表面上是装饰功能，实质上具有更深层的政治象征意义。

随着现代国家的出现，越来越多的国家甚至城市沿用或挖掘自身的历史文化或宗教传统，纷纷评选确定自己的国花、市花，以及国树、市树，甚至国鸟、市鸟、国兽、市兽。而现代国家设计确立的国徽国旗，不只沿用了早期各种类型徽标和旗帜的政治象征意义，更增加了法律意义，目前世界上大多数国家都围绕国徽国旗或设有单独的法律或制定相应的法律条款，因而国徽国旗的使用受到诸多限制。而极少的地方徽标和地方旗帜，仅是对古代城邦制以及其中的贵族制已有的徽标和旗帜的沿用，没有历史传承的现代城市再设计确立自己的市徽市旗，同样必然会受到诸多限制。

2. 市徽的水土不服

市徽的水土不服，以市徽、市旗为主。

改革开放伊始至20世纪80年代初，随着物质生产和物质文明的发展，自下而上的"五讲四美"群众运动和自上而下的"精神文明建设"决议也应时而生。在此背景下，市花市树既因为其与"五讲四美"中具体的"讲卫生"、"环境美"相符合而率先回到大众视野，更因为其是城市精神文明的一种象征而尤其受到城市政府和管理者重视，而且不同于清朝时期只是确定国花，民国时期主要确定国花和市花，20世纪80年代在中国再次兴起的市花市树热，迅速扩展至市花市树市鸟之外的市徽市旗。1985年山西省太原市在全国首开先河最早设计确立市徽，1990年上海市确立市徽，此后，市徽市旗热随着市花市树市鸟热一起迅速发展。

到20世纪90年代中期，随着市花市树市鸟，尤其是市徽市旗风潮在全国的不断扩展，许多城市耗费巨资广泛征集市徽市旗图案，影响甚广。更重要的是，如前文所言，其他国家主要是西方国家之所以在国徽国旗之外，常设计确立地方徽标和地方旗帜，与其对古代城邦制以及其中的贵族制的历史传承有关，而且地方徽标和地方旗帜大多也只是覆盖到联邦与州相当级别，民国时期南京国民政府主导的市花的评选，也只是在7座享有与省平级的行政地位的特别市进行，其他普通市的评选都是自发行为。市徽和市旗的发展，不只耗资巨大，而且因为其背后常常被赋予的政治象征意义和法律意义，必然会引起中央政府的重视。

1997 年 11 月 18 日，中共中央办公厅、国务院办公厅发布《关于禁止自行制作和使用地方旗、徽的通知》，随后，一些城市先后发文取消市徽和市旗的设计确立，甚至同时取消市花市树市鸟等的评选确定，此后，在中国，除台湾省作为特例之外，香港特别行政区和澳门特别行政区分别设有自己的区徽区旗，剩下只存在统一的国徽国旗，另外，大型活动中也大多存在会徽和会旗。

（二）LOGO：重生的市花市树市鸟与开放发展的 LOGO

因为 1997 年"两办"的《通知》仅是针对有可能产生错误政治象征意义且可能与相关法律规定产生冲突的地方徽标和地方旗帜而言的，而且也是针对当时的无意义的耗费巨资的行为而言的，所以此后不久，许多城市重新开启市花市树市鸟的评选确定工作，并且将其逐渐从早期精神文明建设的视角更多转向当下生态文明建设的视角；同时重新开启转型了的市徽的设计，将其从仿照国徽的设计转向参考商业、强调版权及商标意识的 LOGO 的设计，其定位也从精神文明建设视角更多转向城市营销的视角。

1. 从精神文明到生态文明的市花市树市鸟

市鸟与市花市树的发展情况不同。重生的市花市树更多地是继续延续着政府和管理者主导的脉络，而围绕市鸟的相关工作则更多体现了民间生态组织的自发自觉。

先来看市花市树。1997 年"两办"的《通知》虽是针对地方徽标和地方旗帜而言的，但确也对市花市树的评选确定工作产生了一定的抑制，直到 2010 年后，地方评选确定市花市树的热情才再次因创建"国家森林城市"和"国家园林城市"而再度升温。"国家森林城市"创建和评定是 2004 年起由当时的全国绿化委员会、国家林业局启动的。查阅《国家森林城市评价指标》，在其 2004 年和 2007 年的两个版本中尚无市花市树的要求，而在其 2012 年的版本中开始出现了市花市树的要求。在其最新的 2019 年 3 月 25 日发布、2019 年 10 月 1 日实施的版本中，围绕市花市树，第 4 条指标体系中对地级及以上城市和县级城市提出了不同的要求：4.1 地级及以上城市，4.1.4 生态文化，

4.1.4.4 市树市花，该条目中要求"设立市树、市花"；4.2 县级城市，其下面没有该项指标。"国家园林城市"创建和评定是 1992 年起由当时的国家建设部启动的。查阅其评价标准，2004 年《国家生态园林城市标准（暂行）》是最早版本，2006 年《建设部关于开展创建国家园林县城活动的通知》和 2007 年《关于请报送国家园林城镇候选镇的通知》将创建活动往县、镇延伸，覆盖了城市、县城和建制镇，2010 年提出新的修订版本，2012 年《住房城乡建设部关于印发生态园林城市申报与顶级评审办法和分级考核标准的通知》提出了"国家园林城市"的升级版"国家生态园林城市"，以上诸版本中都没有市花市树的要求。直到 2016 年《住房城乡建设部关于印发国家园林城市系列标准及申报评审管理办法的通知》，其中系列标准即国家园林城市标准、国家生态园林城市标准、国家园林县城标准、国家园林城镇标准共 4 个，在《国家园林城市标准》中，一、综合管理，3.城市园林绿化科研能力，③开展市花、市树研究及推广应用，该条目中首次提出了市花市树的要求。

"国家森林城市"和"国家园林城市"都将市花市树的要求限制在地级及以上城市，不包括县城和城镇，即考虑到了一定区域范围内植物的相似性。但是，即便是地级市之间，植物的相似度也很高，这就导致为了评选确定差异化的市花市树，许多城市或引进新的植物种类或选取原本数量较少的本土植物，再进行人为的大量推广。针对这种情况，有学者提出了大量推广所谓市花的某种植物会对城市产生相应的负面影响，一是行政手段的推广是人对自然的支配，并不利于"生物多样性"；二是统一的植物可能会导致"城市文化认知和思维"方面的单一性；三是某些类型的植物尤其是引进的外来植物可能会对全体或部分市民和居民的身体产生不良的影响，诸如有些植物会引发过敏，有些植物浓烈的花香影响人们的睡眠，更会对心脑血管病人产生更坏的影响。[①]更有甚者，针对以上两个国家部门提出的创建"国家森林城市"和"国家园林城市"的政策引导本身，也有批评意见。首先是两个不同主管部门发布的标准和指标因相似而多有重叠，一个城市申报多种称号就得接受不同部门的评审，彼此间没有一个相应的协调机制，耗费了地方政府的大量资源和精力，这使得后发布的未经国务院批准且不在"全国评比达标表彰工作协调小组"历年向社会

---

① 韩冰，韩锋. 市花等城市标志性植物对环境影响的初步研究. 浙江社会科学，2014（03）：90-94+158.

公示的《中央机关等单位评比达标表彰保留项目名录》中的"国家森林城市"的创建和评定处境尴尬。更进一步,从生态角度看,有学者认为森林城市或园林城市的创建,要在城市里建设森林或园林,片面追求高绿化率,既不可能也违背原有的生态平衡。

再来看市鸟。与市花市树的评选确定在 20 世纪 80 年代开始颇受地方政府重视和 2010 年后分别因国家林业部门和国家建设部门的政策引导而再次受到地方政府重视不同,市鸟的评选确定在 20 世纪 80 年代就不及市花市树那般受到地方政府重视,在 2010 年后也并无新的诸如创建"国家森林城市"和"国家园林城市"这般的政策引导,但市鸟的评选确定却因民间生态组织的自发自觉而获得发展。以 2016 年北京市鸟的设立为例,先是《森林与人类》杂志推出《野鸟北京》专辑,编辑部根据 5 位特约专家推荐选出 7 种候选市鸟,在其微信公众号上请读者、网友、微友来投票。在众多选票中,北京雨燕和灰喜鹊是得票最多的两种鸟,投票结束后,编辑部将最终的投票结果反馈给北京野生动物保护协会,最终确立北京的市鸟是雨燕。在北京市鸟的评定过程中,生态类专业杂志及其微信公众号,读者、网友和微友,北京野生动物保护协会等多方民间生态组织和力量起到了主要作用。

虽然当下市花市树和市鸟的评选确定存在着政府主导和民间主导两种不同的路径,但是一方面因市花市树和市鸟更多地从精神文明建设视角转向生态文明建设视角,市花市树的两个评选标准,前者将市树市花要求设置在生态文化之下,后者将市花市树的要求设置在综合管理的城市园林绿化科研能力下面,更看出了侧重其生态文明的一面,市鸟评选本就离不开生态组织的力量。另一方面转向生态文明建设视角使得政府主导模式受到来自生态专业人士的质疑。因而未来可见的是,不只市鸟的评选确定,市花市树的评选确定也会一起选择民间主导的路径。以国花评选为例,2019 年 7 月 15 日,中国花卉协会面向公众征求国花意见,发布了《投票:我心中的国花》的开放网络投票通道并提出了确定我国国花的基本条件,中国国花评选的发布单位是中国花卉协会,且评选条件中排在第一条的即为生态方面的考量,正说明了未来这方面的评选的民间主导、生态专业的趋势。

市花市树市鸟的民间主导和生态专业趋势,意味着其更多的是满足本地居民的需求,更多的只是城市标志的生态基底。市花市树市鸟可以存在于城市标志这一复杂系统之中，但再难在城市标志中占据主要地位。

2. 市徽到 LOGO 的演变与趋势

市花市树市鸟在城市标志中的重要性下降的同时，城市 LOGO 在城市标志中的重要性日益提高，甚至成为城市标志的全部。LOGO 本就是标志、徽标的意思，所以城市 LOGO 与市徽具有一定的关联性，但城市 LOGO 更多是源于城市营销的视角。

从商业开始的 LOGO，首先是从国外发展起来的。在美国，自 20 世纪中叶开始，将企业经营的一些做法应用于城市经营的思想开始萌芽，随之而来的城市营销、城市品牌的实践日益增多。在城市 LOGO 方面，最令大众所熟悉的是 1977 年由梅顿·戈拉瑟（Milton Glaser）创作的美国纽约州的"I LOVE NEW YORK"城市 LOGO，这个 LOGO 不仅因其标志性的红色心形图案设计而备受关注，更是在纽约州的旅游宣传、文创产品设计方面被广泛运用。

在中国，从 20 世纪 90 年代末开始，城市 LOGO 的发展也已有了 20 余年的历史。中国的城市 LOGO 设计启动较早的是台湾和香港等地区，特别是香港。1998 年之后，一方面因为亚洲金融危机，另一方面因为回归祖国引发的不必要的担心，使得香港亟需重振其国际上的影响，于是当时的香港政府主导了系列城市品牌塑造与传播活动以宣扬其"亚洲国际都会"的地位，这其中就包括香港城市 LOGO 的设计，历时 3 年直到 2001 年香港政府才在当年 5 月 10 日的香港财富论坛闭幕式上正式公布城市 LOGO，一起正式公布的还有香港城市形象片，当时公布的香港城市 LOGO 是由著名品牌设计机构朗涛策略设计顾问公司（Landor Associates）设计的把"香港"二字和香港的英文缩写 H 和 K 融入其中的飞龙图案，但是此 LOGO 公布后外界反应不一，批评意见认为图案中的"香港"及"HK"字样不明显，飞龙亦未能清楚反映香港的金融中心形象，并因此指责香港政府劳民伤财，直到 2010 年新的一轮香港品牌活动中，香港政府再请香港著名设计师陈幼坚对飞龙 LOGO 做了简化原有线条和增加三条彩带的改良，但是这个新 LOGO 发布几日内的评价仍是负面大于正面。不管外界反应和社会评价如何，香港是中国也是亚洲第一个进行城市品牌运作的城市，受其影响，中国其他很多城市也纷纷开始推出自己的城市 LOGO，其中，重庆市 2005 年公布的"人人重庆"LOGO 和杭州市 2008 年公布的"杭"字LOGO影响较大。成功案例的影响更使得城市LOGO成为城市品牌、城市营销甚至城市经营中的重要一环。

香港本来就拥有以其市花洋紫荆花为主要图案的区徽，但依旧要设计城市LOGO。另外，在近年的城市LOGO设计中，仍有部分城市在淡化政治象征意义基础上，仍旧沿用其原先的市徽图案，或者仍以原先设计市徽的思路设计LOGO，但相较于重庆、杭州等不同于原先市徽设计思路的LOGO的较大影响，很多影响不大。这些都说明LOGO与地方徽标的不同。从商业开始的城市LOGO，与从政治开始的市徽，其区别不只在政治象征意义和城市营销的定位上，也同样在设计上有所体现。总结起来，主要有以下几点：一是市徽设计多是圆形、盾形的，而LOGO设计多是无边框的；二是市徽设计多是依托具体的市花市树市鸟等元素，而LOGO设计多是元素背后文化的抽象化呈现；三是市徽多是繁复的，而LOGO基于以上两点以及商业设计、大众审美的趋势，多是简洁的。整体来讲，市徽的设计是封闭的，而LOGO的设计是开放的。LOGO设计的开放性，既源于其发展的开放性，也进一步促进其发展的开放性。

作为城市品牌标识的重要组成部分，城市标志从传统的市徽发展到城市LOGO，而城市LOGO的设计还在发展，那么，常常与不管是市徽还是城市LOGO一同出现的城市名称，必然也有其自身的变化。

二、城市名称：正称别称的变更与局限性

城市名称，既包括用以识别某一城市的专属名词，分为正式名称即正称及其对应的简称，也包括某一城市赢得或被赠予的称号，即别称。另外，城市内部的标志性景观、建筑、机场、车站、码头、街道、桥梁等的名称也常常能够在一定程度上代表城市，但暂时不在本研究的讨论范围内。下面就从城市的正称和别称及其各自的变更说起。城市的正称和绝大部分别称的变更，一直以来是由地方政府和管理者主导的，另外，互联网世界里，也兴起了一些新的城市简称，如北上广取代京沪穗，还有一些新的城市别称，如帝都之于北京、魔都之于上海等等，但本章研究城市名称的类型与变更，是在城市名称作为城市品牌标识一部分的框架下进行的，而城市品牌标识更多地是由地方政府和管理者

主导设计和打造的，所以本章主要研究由地方政府和管理者主导的城市的正称和绝大多数的城市别称的变更。

一方面，古今中外的城市名称都有着大致相似的来源，或源于自然，或源于地理、物产，或源于产业，或源于历史，或源于传说、民族与文化，或源于重大事件，或寄托精神愿望，等等，所以城市名称不只具有作为甄别符号的基本功能，更具有传达城市精神和文化的功能。另一方面，需要特别指出的是，由于汉语语言和文字在表意、隐喻、谐音、象形等方面的"广泛性和深刻性"，这使得汉语命名的中国的城市名称在"传意、抒怀、寄情"以及宣传、设计等方面都有极其广阔的空间①，基于以上两点，针对城市的正称和别称，地方政府和管理者都想多做文章，即通过变更城市名称而设计和打造城市的品牌标识。

（一）城市正称的变更日益规范

城市名称具有很强的时代性，每个时代都会淘汰一些旧的，出现一些新的，而由于中国历史的悠久，使得一个城市拥有多个名称成为常态。但是，城市，不只是具有地理学、经济学和社会学意义上的定义，更是具有城市规划学意义上的定义，即城市是按照国家规定设立行政建制和进行行政等级划分的，因而，即使城市曾经拥有多个名称，但最终只有一个是国家规定的行政区划名称，即城市正称，亦即常说的地名。以北京为例，作为一座有着三千多年历史的古都，北京在不同的历史朝代有着不同的称谓，大致算起来有诸如燕京、蓟城、涿郡、幽州、北平等二十多个旧称，但其在新中国的正称只有北京一个。

1. 城市正称的变更及问题

正称即地名，是由国家规定的，所以历史上地名的变更也多是出于政治因素，如朝代更替、避君主讳，甚至只是因为君主个人喜好。

1949年中华人民共和国成立后曾进行过一次地名的清理和规范工作，这其中既包括有价值有意义的，如，对不符合国家方针政策的，外来和影响睦邻友好的，歧视少数民族和带有大汉族主义倾向的地名的清理；也包括如今看来

---

① 张玉敏. 城市别名异称释义. 赤子（中旬），2014（02）：334-335.

可能带有当时的历史和时代局限性的，如，将一些当时被认为是"不雅"的，或带有封建主义、资本主义色彩的地名更改为具有革命意义的地名的所谓的规范工作。

此后，直到改革开放以后，中国才掀起新的一番地名变更热。不过不同于历史上及新中国成立初期，此番地名变更，更多是城市政府和管理者出于城市经营、城市营销背景下的城市品牌塑造的考虑。基于此，地名变更的动因可概括为"啃老"、"吃山"和"傍大款"三种[①]。所谓"啃老"，即挖掘历史文化，如湖北的蒲圻地名变更为赤壁；所谓"吃山"，即宣传山水资源，如湖南的大庸地名变更为张家界；而所谓"傍大款"，即放大特产或龙头企业，如云南的思茅地名变更为普洱等。当然，由于历史文化常和山水资源互相融合，因而也有同时"啃老"和"吃山"的，如云南中甸的地名变更为香格里拉、四川灌县变更为都江堰、福建崇安变更为武夷山等。以上地名变更的例子都比较成功，甚至对城市品牌塑造起到了四两拨千斤的作用，但是地名变更热中也出现了一些问题，比如地名变更可能淹没城市历史文化，如徽州改为黄山；争抢相关资源，如多地争抢赤壁、香格里拉；甚至争抢负面历史文化资源，如多地争抢夜郎；还有计划变更为龙头企业如茅台而放弃整座城市的广阔深厚底蕴的，等等。以上这些都在社会上产生了强烈争议，并且有些变更未果。

除淹没城市历史、割断城市现实与历史的关联外，地名变更会导致政府各项行政支出的增加，带来较高的社会管理成本；地名变更还可能给本地居民生活带来不便，并构成一系列社会隐性成本。所以，城市政府和管理者在计划变更作为城市品牌标识重要组成部分之一的地名时，也不能忽视地名变更可能对城市带来的牵一发而动全身的影响。

2. 城市正称变更日益规范

基于此，从20世纪80年代开始，中国地名管理逐步形成了比较完整的地名管理法规体系和标准体系。1986年1月23日，国务院发布并实施《地名管理条例》，自此，中国地名管理才有法可依。1996年6月18日，为了更好地贯彻落实前述条例，民政部制定了《地名管理条例实施细则》。2010年12月

[①] 卢盛峰，吴一平，谢潇. 历史名片的经济价值——来自中国城市更名的证据. 经济学（季刊），2018，17（03）：1055-1078.

27 日，民政部发布实施《民政部关于废止、修改部分规章的决定》，对前述细则进行修改。2019 年 7 月 3 日，《地名管理条例》列入民政部 2019 年立法工作计划（修订）。依此，各地也都有相应的地名管理办法，各地民政部门都设有相应的地名管理单位。另外，国务院 1985 年 1 月 15 日就发布并实施的《关于行政区划管理的规定》及其以后的修订版本，都对地名变更有间接的管理作用。

以上一系列比较完整的中国地名管理法规体系和标准体系都要求，中国城市要保持一个稳定的地名，除了法律法规允许的特殊情形，一般情况下不允许城市随意更名。尤其是随着我国城镇化的推进，地名的数量越来越多，各地对地名的科学、规范管理也在不断加强。纵观 20 世纪 80 年代至今的三十余年，与我国的城市数量总量相比，地名变更的城市并不算多，尤其是 2010 年以后，鲜有地名变更成功的城市。

所以，为了城市品牌的塑造，变更城市正称这一路径并不容易，因而，更多的城市将对城市名称这一城市品牌象征性标识的变更，用到了城市别称上面。

（二）城市别称的变更从正式公布到融入传播

有将城市旧称也称作城市别称的说法，虽然也偶有城市将其某个旧称用作别称，但这里所说的城市别称，多是指正式名称以外的，高度概括一座城市某一特征的名称，这些特征包括气候，如冰城哈尔滨、春城昆明、日光城拉萨；地形，如山城重庆；水文，如江城武汉、泉城济南；植被，如花城广州；动物，如鹭城厦门；矿产、产业，如陶都宜兴、瓷都景德镇；地理位置，如滨城大连；城市轮廓，如鲤城泉州；历史建制，如申城上海、彭城徐州；神话传说，如鹅城惠州，等等。可见，与城市旧称相比，别称所指更为现代，具有知识性、通俗性等特点。中国城市的别称，大多兴起于 20 世纪 80 年代，到 1995 年左右，大多数城市基本都有了别称，当然，并不是所有的城市都有别称，而有的城市则有不止一个别称。

1. 正式程序的城市别称变更

1995 年，中央电视台《新闻联播》节目中播发了一条消息称：哈尔滨已停止使用"冰城"的称谓。其背后的原因是1987年热播的以哈尔滨为故事发生地的电视剧《雪城》，使得这座城市给人的感觉是环境冷峻、荒凉，缺乏温馨，当时的城市政府和管理者担心与"雪城"相似的"冰城"让人感觉不到温暖，因而希望恢复城市春、夏、秋的个性和光彩。①

2003年，葫芦岛市按有关法律规定向国家工商总局提出了城市别称"中国筝岛"的注册申请，经过国家工商总局的认真审核，该申请于当年11月19日被正式受理，这意味着其他任何城市、任何单位如果再使用此名称，将依法受到追究，"中国筝岛"成为中国第一个通过国家工商总局品牌注册受理的城市品牌。

通过《新闻联播》播发城市别称改名消息，通过工商总局注册城市别称，采用这些正式程序变更城市别称，说明城市政府和管理者的意识中对于城市别称的变更还延续着城市正称变更的思维，但实际情况是，别称与正称相比，因为不是政府的硬性行政规定，因而其变更的方式不必再是行政化的，而应当是市场化的，此后的城市别称变更少有如此正式的程序，更多则是在城市品牌传播的过程中潜移默化地完成。

2. 融入传播的城市别称变更

虽然哈尔滨变更城市别称的计划未能实现，如今这座城市仍以"冰城"的别称示人，而且也并不像当时的城市政府和管理者所担心的那样让人感觉不到温暖，但是这一事件反映了城市别称从1980年兴起到1995年盛行开始出现变化，即很多城市开始变更自己的别称，这种变更一直延续到今日。

虽然与城市正称相比，别称变更的程序相对简单，并且别称所指更为具体，是人们了解一个国家或地区最直观、最便捷的窗口，但是城市需要更多地展示可以吸引外来旅游者和投资者的城市旅游和文化优势，在这种趋势下，一般只有两到三个字的城市名称就显得有些力不从心，于是，在城市正称变更到城市别称变更之后，城市口号和宣传语顺势而生。

---

① 梁梦阳.别名：应预示两岸繁荣的美好憧憬.学理论，1995（07）：32-33.

三、城市口号和宣传语，体现对外的以营销为主的文化旅游方面的发展

《现代汉语词典》中对于口号和宣传语的定义，二者的区别是口号是"供口头呼喊的"，宣传语是"用简短文字写出的"，可见，口号侧重口头形式，宣传语侧重书面形式。不过，由于二者相同的是"有纲领性"、"有宣传鼓动作用"，所以在两个术语的实际使用过程中，口号也可指书面形式，宣传语也可指口头形式，即用于口头传播和平面、电视、网络等媒介传播的口号或宣传语常常被混为一谈，所以如无特别说明，本章皆以"口号和宣传语"一并讨论。

音形义三位一体的单音节方块汉字，使得人们在生产生活中，在朴素的对称美学观念的影响下，无意识地创造了对称性的语言。一方面，在古代中国，诗词歌赋、民间俗语，特别是对联，都应用到了对偶甚至对仗。另一方面，在近现代中国，对偶和排比，尤其是其中的短语排比，因其简短简单而节奏感强和通俗易懂，具有极强的宣传鼓动作用，因而常被用于政治宣传。两方面的共同作用，一定程度上造就了"口号中国"或"标语中国"，当下的口号和宣传语也早已超越了以上所指的政治内涵，出现在中国的政治、文化、社会和经济等方方面面。当口号和宣传语被应用到城市这一主体时，就有了城市口号和宣传语。

（一）从综合的城市口号和宣传语到城市文化旅游口号和宣传语

若侧重口头形式，"口号中国"之下的城市口号和宣传语类型多样，而若侧重书面形式，城市口号和宣传语可被列入更广泛的城市语言景观之中。笔者就从多样和广泛的城市口号和宣传语说起。

1. 在综合中聚焦城市对外口号和宣传语

若侧重口头形式，城市口号和宣传语大致可分为两大类。第一大类是对内的，用于内部统一思想和形成共识，凝聚力量以指引行动，包括政治和社会方面在内的泛政治口号和宣传语。这类口号和宣传语又可细分为两小类，第一小类直接继承于早期的用于政治宣传的政治口号和宣传语，较为抽象，其中最具代表的是"城市精神"口号和宣传语。2011年，全国范围内掀起了城市精神

征集热，这其中，"北京精神"的征集与发布影响较大。第二小类是城市为创建各类城市称号，如创建"全国文明城市"、"中国优秀旅游城市"，以及前文提到的"国家森林城市"和"国家园林城市"等，或者只是为加强城市管理、提升城市品质而提出的文明、卫生等社会方面的口号或宣传语，较为具体，此类例子则不一而足。第二大类是对外的，让外部的人认知、认可以及来城市旅游甚至居住和投资，包括经济和文化方面在内的营销类口号和宣传语。可见，这第二大类的对外的营销为主的城市口号和宣传语，与城市品牌的关系更为紧密。另外，第二大类的对外为主的城市口号和宣传语，也会增强公众对政府和管理者的信任感，增强城市居民的凝聚力、归属感和自豪感，进而间接发挥类似于第一大类城市口号和宣传语的内部统一思想和形成共识，凝聚力量以指引行动，以及创建各类城市称号，加强城市管理、提升城市品质而提出的文明、卫生等社会方面的积极作用。有学者曾指出，城市常常存在混淆对内对外两大类的口号和宣传语的情况，习惯于同一个口号具有双重功能，面向多维诉求对象，期望能够包打天下[1]，可见，搞清楚对内与对外两大类的城市口号和宣传语的区别与联系十分必要。

若侧重书面形式，城市口号和宣传语可被列入更广泛的城市语言景观之中。1997年语言学家兰德里（Landry）等首次提出"语言景观"这一术语，并且将某一地理区域范围内的所有地名、街道名称、路牌、商铺招牌、广告牌以及政府机构等的公共标牌上的语言都纳入该区域的语言景观[2]；2009年，肖哈密（Shohamy）等又提出，不断变化着的公共空间中出现或陈列的文字都属于城市语言景观，进而将城市语言景观的范围进一步扩大[3]；闫亚平、李胜利又结合中国实际和当下发展将城市语言景观扩展到，除最早提出语言景观这一术语的兰德里等提到的地名、街道名、公共交通指示牌、店铺招牌、广告牌以及政府建筑的公共标牌及提示语之外，还包括位置可移动和内容可变化的更广

---

[1] 李蕾蕾.旅游目的地形象口号的公众征集：误区与思考.桂林旅游高等专科学校学报，2003（04）：43-47.

[2] Landry R, Bourhis R Y. Linguitic Landscape and Ethnolinguistic Vitality: An Empirical Study. Journal of Language and Social Psychology, 1997, 16（01）：23-49.

[3] Shohamy E, Waksman S. Linguistic Landscape As an Ecological Arena: Modalities, Meaning, Negotiations, Education. Shohamy E, Gorterd. LinguisticLandscape: ExpandingtheScenery. London: Routledg, 2009：313-331.

泛的车身广告、横幅、海报、电子屏等广告牌，以及特别的包括城市旅游宣传语在内的城市宣传语，非线下的线上的城市政府网站、官方微信、官方微博等①。随着语言景观的日益多元，搞清楚不同类型城市语言景观的区别与联系也十分必要。

本节要研究的主要是与城市品牌直接相关的城市口号中的第二大类和城市语言景观之一的城市营销口号和宣传语，而了解口头形式和书面形式的城市口号和城市语言景观的全部类型，以及城市营销口号和宣传语与其他城市口号和城市语言景观的区别与联系，都有助于更好地理解城市营销口号和宣传语。

2. 在对外中聚焦城市文化旅游口号和宣传语

以上提到的城市口号的第二大类，对外的营销为主的口号，其对象不只包括外来旅游者，甚至包括外来投资者，也就是说，这第二类对外的营销为主的口号又细分为 to C 和 to B 两种功能。

混淆 to C 和 to B 两种功能的情况在城市口号和宣传语的实践中时有发生，尤其是在城市别称向城市口号和宣传语发展的早期。前文提到城市别称时，有的城市以其矿产、产业特征命名其别称，如以"煤城"作为别称的城市就有不只山西省大同市、辽宁省抚顺市、安徽省淮北市，以及黑龙江省四大煤城，鸡西市、鹤岗市、双鸭山市、七台河市等。当城市口号和宣传语在城市别称基础上发展起来之初，许多城市也把矿产、产业特征应用到城市口号和宣传语之中。虽然近些年，很少再有城市将矿产特征应用到城市口号和宣传语中，但是大多是因为各个城市尤其是资源枯竭型城市面临着产业升级和转型的压力，而并不是因为这些城市意识到城市口号和宣传语的两种功能的区分。如 2019 年湖北省宜昌市的城市口号和宣传语"屈原昭君故里、世界水电名城"中，就显著地表现为 to C 和 to B 两种功能的混淆，因为对于外来旅游者来说，具象的三峡大坝自然要比抽象的"水电名城"更吸引人，而对于投资者而言，"屈原昭君故里"当然也不会对旅游之外的产业投资带来明显的额外附加价值。

因为投资决策相对于旅游决策要复杂得多，而城市口号和宣传语的任务主要是"引起注意"，给人留下美好的"第一印象"，所以，城市口号和宣传语

---

① 闫亚平，李胜利. 语言景观建设与城市形象. 石家庄学院学报，2019，21（03）：50-54.

应以文化旅游作为主要宣传点，直接实现其 to C 的功能，间接实现其 to B 的功能，近年来城市口号和宣传语的发展也印证了这一趋势。

（二）对外的文化旅游为主的城市口号和宣传语的创作

检索城市口号和宣传语，目前研究大多集中于创作方面。具体包括：城市口号和宣传语的内容层面，即创作的素材；文字层面，即创作的方法；程序层面，即创作的过程。

1. 创作素材的虚与实

从内容层面看，中国城市口号和宣传语的创作素材一直存在"虚"与"实"。

城市口号和宣传语的"虚"也有多种形式，也有其演变过程。胡斌结合荷兰心理学家吉尔特·霍夫斯泰德（Geert Hofstede）提出的文化维度理论，对中美旅游网站城市宣传语进行了权力距离、不确定性回避、集体主义和个人主义、男性气质与女性气质、长期取向和短期取向五个维度的比较，他认为，相较于美国旅游网站城市宣传语，中国旅游网站城市宣传语表现为高权力距离、高不确定性和集体主义的倾向[①]，将这一结论对应到中国的城市口号和宣传语的创作上，这些城市口号和宣传语的创作素材方面即表现为三种"虚"。一是因为一定程度上受到第一大类包括政治和社会方面在内的泛政治口号和宣传语的创作习惯的影响，因为主流意识形态话语的强大惯性，所以早期的城市口号和宣传语的创作素材呈现出高权力距离和集体主义，因而显得很"虚"。二是中国的城市口号和宣传语，尤其是早期的城市口号和宣传语也有沿用早已有之的类似于城市别称的"东方小巴黎"、"东方莫斯科"等形式的，因为这些城市口号和宣传语呈现出高不确定性也显得很"虚"。三是在之后从泛政治逐步转向市场化之后，中国城市口号和宣传语的创作开始向西方城市学习，又出现了不结合城市自身情况，不挖掘城市自身文化，盲目追逐和争抢"休闲之都"、"浪漫之都"的情况，这些城市口号和宣传语也因为呈现出高不确定性也显得很"虚"。以上三种"虚"很早就已变得不受欢迎。但是后期，中国城市口号

---

① 胡斌.Hofstede 理论下中美旅游网站城市宣传语比较.滁州学院学报，2015，17（01）：54-57.

和宣传语也逐渐呈现出低权力距离、高不确定性和个人主义的倾向，虽然低权力距离、高不确定性和个人主义的城市口号和宣传语也不可避免地显得很"虚"，如，"成都，一座来了就不想走的城市"在早期颇受争议，甚至被列入雷人城市口号之列，而近年来又备受好评，常被作为经典城市口号案例，一定程度上可以说明，以低权力距离、高不确定性和个人主义而显得"虚"的创作素材创作的城市口号和宣传语似乎日益成为主流。

城市营销口号和宣传语的"实"，从一开始就是出于市场利益诉求，早期如前文提到的在城市别称基础上发展起来的把矿产、产业特征应用其中的城市口号和宣传语，就是非常明显的"实"。而以某一自然或人文旅游资源或景点景区作为城市营销口号和宣传语的创作素材的这种"实"则一直存在，曾经在2010年饱受争议的名人故里之争中进行争抢的城市，就常常将名人故里这一"实"的创作素材直接应用于城市口号和宣传语。2019年4月15日，四川省文化和旅游厅又通过正式地召开新闻发布会的方式对外宣布四川省文化和旅游新版宣传口号，新的口号为"天府三九大、安逸走四川"，其中"三九大"是四川最有代表性的三张名片，"三"是指古老神秘的巴蜀文明的象征三星堆，"九"是指四川神奇瑰丽的自然风光的精华九寨沟，"大"是指家喻户晓、人见人爱的国宝大熊猫，一时间争议不断，一定程度上可以说明，以"实"的创作素材创作的城市口号和宣传语似乎逐渐式微。

在城市口号和宣传语的"实"逐渐式微，而"虚"日益成为主流的当下，对城市文化旅游的抽象概括的"虚"，仍然要坚持以对城市文化旅游的具体描述的"实"作为基础。

2. 创作手法的古与今

从文字层面看，中国城市口号和宣传语的创作方法一直存在"古"与"今"。

不管是继承于古代的诗词歌赋、民间俗语，特别是对联，还是受到城市口号和宣传语中第一类包括政治和社会方面在内的泛政治口号和宣传语的创作习惯的影响，早期的城市营销口号和宣传语也多在创作手法上很"古"，不只是句式上的对偶和对仗，还包括词语语音上的节拍、平仄和押韵，而为了完成对偶、对仗和节拍、平仄、押韵，常常用到比喻、夸张和仿拟等修辞手法。这种产生于音形义三位一体的单音节方块汉字基础之上的对称性语言,确实自有其对称美感,而且易于识记,但是,众多城市都采用这种仿照古诗词的创作手法,难免千篇一律,反倒降低了辨识度。

前文提到的中国城市口号和宣传语也逐渐呈现出低权力距离、高不确定性和个人主义的倾向,以及"成都,一座来了就不想走的城市"先被贬后被褒的转变,都体现了近年来中国城市口号和宣传语的创作手法出现了由"古"到"今"的转变。采用"今"的创作手法的城市口号和宣传语,在句式上不再受制于对偶和对仗的两句式,出现了多种句式,如,句式前半部分属于描述性的语言,后半部分为城市的名称,以及一句形式、三句形式、四句形式等。其中三句、四句形式中又多用到排比、反复等修辞手法。而在词语语音方面,也可用到更为灵活的镶嵌、谐音、双关等。

城市口号和宣传语在创作手法上的"古"与"今"并无孰优孰劣之分,城市只有结合自身情况,深挖自身文化,才能选取更适合自己的创作手法。

值得一提的是,城市口号和宣传语在采用比喻、夸张、仿拟和镶嵌、谐音、双关等多种修辞手法时,还需注意符合相关规定,以山西省曾用城市口号和宣传语"晋善晋美"为例,2014 年 11 月 27 日,当时的国家新闻出版广电总局发出《关于广播电视节目和广告中规范使用国家通用语言文字的通知》,其中特别指出把"尽善尽美"改为"晋善晋美"这种随意篡改、乱用成语的语言文字不规范的做法,不符合《中华人民共和国国家通用语言文字法》《广播电视管理条例》等法律法规的基本要求,必须坚决予以纠正。

3. 创作过程的科学性

从程序层面看,中国城市口号和宣传语的创作过程整体表现为科学性不足。

早期的中国城市口号和宣传语,因为多由地方政府尤其是个别官员拍板决定,因而更易引起争议。特别是在 2010 年前后,宜春"一座叫春的城市"和合肥"两个胖胖欢迎您"等城市口号和宣传语被网友选入十大雷人城市口号,如果说前文提到的城市口号和宣传语在采用比喻、夸张、仿拟和镶嵌、谐音、双关等多种修辞手法时可能无意识地违反相关规定,那么这些低俗城市口号和宣传语则更多地是有意打相关规定的擦边球。

近年来，中国城市口号和宣传语的创作过程大多采用公开征集的方式进行，即由地方政府的相关部门，主要是宣传部门或旅游主管部门，直接或者委托相关研究机构，借助电视、广播、报纸、互联网等大众传播媒介发布征集信息，并且常常通过设立奖项奖金的方式吸引公众广泛参与。但是公开征集不仅耗费大量的财力和资源，实践也表明，公开征集到的城市口号和宣传语也往往不能让人满意。因为城市口号和宣传语的创作，必须建立在对当地资源、文化深刻了解和理解的基础上，再通过凝练、升华而成，而不单单是修辞手法的运用。创办创意工作室的熊建武和兰继红夫妇自2000年至2009年在全国各类口号征集活动中获得三等奖以上的奖项超过200个，2009年前后所获城市口号和宣传语类奖项包括江西萍乡、海南、河北武安、江西宜春、浙江宁波等省市，城市口号和宣传语的公开征集成了修辞手法的比拼由此可见一斑。

为了克服官员拍板和公开征集两种形式各自存在的问题，城市口号和宣传语的创作过程应注重科学的调查和检验过程，以保证其科学性。

另外，城市举办大型活动等的口号和宣传语，其短期性也必须与城市常规口号和宣传语的长期性保持协调。

城市口号和宣传语，很少单独出现，常与城市名称、城市LOGO、城市形象片等相关联。或者其中含有城市名称，或者要与城市名称一起出现；也常与城市LOGO一起出现；城市口号和宣传语、城市名称和城市LOGO又常常一起出现于城市形象片之中。可以说，城市口号和宣传语的发展，一定程度上得益于城市形象片的大行其道，在后文城市品牌形象分析中将对城市形象片作单独分析。

四、小结：象征性标识发展的问题

城市标志、城市名称、城市口号和宣传语三个部分，放在城市品牌标识和城市品牌的物的范畴来看，都属于象征性标识。而城市品牌象征性标识与景观性标识和文化性标识的关系是，象征性标识是以景观性标识和文化性标识为基础进行评选然后设计出来的。

以上城市标志从市徽到LOGO逐步商业化、开放式的发展，城市名称从正称的变更到别称的变更，对外的以营销为主的落脚于文化旅游的城市口号和宣传语在创作素材、创作手法和创作过程方面的发展,都是为了最大限度地发挥城市品牌象征性标识与体现城市品牌景观性标识和文化性标识的作用。但是,如果景观性标识和文化性标识不能得到很好的打造,单独追求象征性标识的设计,具有较大的局限性,只会因治标不治本,使得城市品牌的发展得不到有力的支撑。

所以,城市品牌标识的打造在经历了象征性标识为主的发展阶段之后,必然转向景观性标识和文化性标识为主的新的发展阶段。当然,从象征性的物到了景观性和文化性的实物,景观性标识和文化性标识之间的边界并不总是十分清晰的,甚至很多时候是一体的。

第二节 城市品牌标识网红化的发展必然与建议

城市标志、城市名称、城市口号和宣传语等城市品牌象征性标识在传统媒体环境下获得了较快较好的发展,而城市品牌景观性标识和文化性标识不如象征性标识发展得早发展得快,一定程度上也是受制于传统媒体的单向传播和相对静态的特性。新媒体和社会化营销的兴起,动态和互动既为象征性标识的发展提供了更多可能,更使得城市品牌景观性标识和文化性标识的塑造成为可能,而且成为热点,BGM(城市音乐)、Eating(本地饮食)、Scenery(景观景色)、Technology(科技感的设施),这四类深入城市生活毛细血管的更有辨识度的城市符号,作为景观性标识和文化性标识的典型代表,带动了一批网红城市的崛起,正是这种城市品牌标识网红化发展必然的体现。

城市在新媒体和社会化营销中成为网红,不只限于BGM(城市音乐)、Eating(本地饮食)、Scenery(景观景色)、Technology(科技感的设施),既然新媒体和社会化营销是动态的和互动的,那么,人类媒介技术演进的一贯逻辑即"时空征服"和"感知重组"[①]也应当在城市品牌标识的塑造中有所体现。城市品牌标识塑造的空间层面,凯文·林奇在《城市意象》一书中开启了对于城

---

① 邓建国.时空征服和感知重组——虚拟现实新闻的技术源起及伦理风险.新闻记者,2016(05):45-52.

市中的道路、边界、区域、节点、标志物等城市景观的研究，除了凯文·林奇提到的节点、线路和平面区域，新媒体和社会化营销使得城市品牌标识塑造的空间层面可以在竖向空间的立体层面继续扩展。城市品牌标识塑造的时间层面，一方面，目前多数聚焦于节假日和旺季，另一方多数停留在白天，新媒体和社会化营销使得城市品牌标识塑造的时间层面可以在夜晚继续扩展，并且因为夜晚的塑造而从节假日扩展至平日，从旺季扩展至淡季。城市品牌标识塑造的感知层面，目前主要聚焦于受众被动接受视觉为主的信息，而对听觉、嗅觉、触觉、味觉等信息的塑造不足，新媒体和社会化营销使得城市品牌标识塑造的感知层面可以在知觉维度上变受众被动接受信息为调动受众主动性，进而充分挖掘和塑造视觉信息，以及视觉信息之外的听觉、嗅觉、触觉、味觉等信息。

城市品牌标识的网红化，尤其是其中的景观性标识和文化性标识的网红化是一个空间上点线面到体，时间上白天加夜晚和节假日到平日、淡季也变旺季，感知上单向塑造视觉信息到互动塑造和传播视觉、听觉、嗅觉、触觉、味觉等信息的系统。而点线面体全空间、白加黑 24 小时、节假日加平日 365 天、旺季加淡季四季、视觉加听觉、嗅觉、触觉、味觉五感，以上这些"时空征服"和"感知重组"的网红化打造，将不只丰富外来旅游者的"行"、"住"、"游"方面的体验，还会提升外来旅游者以及本地居民的"食"、"购"、"娱"，甚至"商、养、学、闲、情、奇"等方面的体验。

本节仅以目前特别具备网红潜质的城市品牌中的城市夜晚品牌标识的灯光和城市听觉品牌标识的声音为例作具体阐述。其中，城市夜晚品牌标识的灯光更多的是城市景观性标识，虽然也要融入城市文化性标识，而城市听觉品牌标识的声音则更多的是城市文化性标识，虽然也要依托城市景观性标识。

一、城市夜晚品牌标识的灯光的多种模式

2004 年，全球首部实景演出《印象·刘三姐》面世，自此，实景演出在国内甚至国外都发展迅速。虽然也有在白天进行的实景演出，但总体来看，大多数实景演出都在夜晚进行。GB/T32941.3-2016《实景演出服务规范》提出"夜晚演出应充分利用灯光"，表明实景演出与灯光之间具有天然的联系。2018 年中国青岛上合组织峰会期间，6 月 9 日在青岛奥帆中心举行了灯光焰火

艺术表演《有朋自远方来》，自此，城市灯光秀因其灯光而大受关注。实景演出的迅速发展和城市灯光秀的轮番上演，既得益于灯光自身发展的推动，也进一步推动了灯光的发展。在此背景下，有必要对具备网红潜质的城市夜晚品牌标识的灯光进行系统梳理。

  从古至今，"光"在人类生存生产生活中始终占有举足轻重的位置。古代社会人类为了生存而率先掌握了火，但人类对火的应用并未止步于其驱逐猛兽、烹饪食物、取暖和照明等基础功能，而是将其发展为上及"神说：'要有光'，就有了光"这般神圣的宗教象征或"凡邦之大事，共坟烛庭燎"这般威严的权力标志，同时将其发展为下及平民"灯市花如昼"的夜市花灯或"火树银花合"的节日焰火。进入电气时代之后，就像"日出而作，日落而息"天然地与乡村生活连接在一起一样，夜生活某种意义上就是城市生活的本质，因而提到"光"让人首先想到"灯光"，进一步想到城市照明。分析城市照明的发展历程，人们倾向于先是功能照明再是景观照明，但与古代发展相似，功能照明和在基础功能之上发展出的景观照明两者是很难截然分开的。

  当下，一方面"灯光"是"光"的集中体现，另一方面城市照明不是"灯光"的全部，因而，与其将关注点分散到无所不包的"光"，或是聚焦到城市照明功能性与景观性的区分，倒不如以"灯光"为对象，根据载体和灯光的功能性与景观性的主辅关系，将"灯光"分为载体功能性为主、灯光景观性为辅的"载体＋灯光"模式；灯光景观性为主、提升载体景观性的"载体 × 灯光"模式；灯光景观性为主、载体为灯光服务的"灯光＋载体"模式。三种灯光模式又分为十种类型，这十种类型的划分，根据空间不同，可分为室内和室外、城市内和城市外；根据载体不同，可分为建筑等硬件、文化等软件、自然景观或人文景观、灯具设施本身甚至是光本身；根据受众不同，可从本地居民扩展到旅游者，也可从艺术家扩展到本地居民或旅游者。这十种类型基本涵盖了当下灯光发展的主要类型，而其在空间、载体、受众上的不同正反映了当下灯光的发展早已突破城市照明范畴。城市可以善用这些丰富的灯光实践类型，打造网红化的城市夜晚品牌标识。

（一）"载体＋灯光"模式：载体功能性为主、灯光景观性为辅

  在这一模式中，载体以其自身的功能性为主，甚至载体也具备其自身的景

观性，灯光只是配角。

1. 城市亮化、城市美化

这一模式主要体现在城市照明范畴内。在中国，1989年以前"以道路照明为主"，1989至1999年则以"亮起来"为主要目标，1999至2003年则强调通过城市照明来"美化城市形象"[①]，因而人们也常将城市照明称为"城市亮化"或"城市美化"，而学界和业界常有的将"城市亮化"等同于功能照明，将"城市美化"等同于景观照明的划分是不确切的，既是因为虽然城市照明在二者中占有重要位置但并不是二者尤其是"城市美化"的全部，更是因为如前文所言，功能照明和景观照明不是截然分开的。到2004年，中国的城市照明在规模上已经获得了相当程度的发展，但是基本上还处于比较粗放的、比较自由的发展阶段，这就要求照明朝着理性和规范的方向发展。2008年，住房和城乡建设部发布JGJ-T163-2008《城市夜景照明设计规范》，该文件适用范围为"城市新建、改建和扩建的建筑物、构筑物、特殊景观元素、商业步行街、广场、公园、广告与标识等景物的夜景照明设计"，可见，此时灯光的作用主要体现为对既有建筑物、构筑物等载体和对既有街道、广场、公园等环境空间的重塑。

2. 夜市

除了体现为以上一般的城市亮化和城市美化之外，夜市是"载体+灯光"模式的一种特殊类型。与一般的城市亮化和城市美化的载体是硬件不同，夜市的载体与其说是有形的商铺摊位，不如说是民俗风情、市井文化和美食小吃等这些软件。说到夜市，首先想到的便是我国古代的夜市。到了现代，夜市所带来的城市管理难题暂且不表，单说其作为城市文化的重要组成，能让外来旅游者和本地居民感受到城市的特殊风味[②]，其中，我国台湾等地区的夜市甚至成为当地旅游吸引物之一。夜市较少被放到城市照明的研究范畴进行考量，原因可能在于研究者们还不太习惯用现代城市照明的视角去分析古代传承下来的夜市；而现代夜市，即便成为旅游吸引物，那也更多是因其文化，而较少依仗

---

① 荣浩磊.城市景观照明的价值取向.照明工程学报，2013，24（01）：140-142.
② 李敏.台湾夜市自治管理的启示.党政论坛，2015（05）：48-49.

灯光。

(二)"载体 × 灯光"模式：灯光景观性为主、提升载体景观性

随着灯光应用范围的扩大和应用水平的提高，灯光开始与载体共舞，成为提升载体景观性不可或缺的存在。

1. 城市夜游

首先继续体现在城市照明范畴内，分为两种，一种是较为传统的城市夜游。城市夜游，可以说是上一个模式中夜市的扩展升级版。城市夜游项目和有代表性的夜市一样，虽可发展为旅游吸引物，但较难发展为旅游核心吸引物，还必须依托该城市原本成熟的旅游核心吸引物，如都市景观、自然山水和历史文化等，即很少有旅游者会仅为了夜游项目而来该城市旅游。

2. 城市灯光秀

另一种则是各类以城市媒体立面或景观空间为载体的灯光秀。城市灯光秀，不再只是简单的亮化和美化，虽然依托媒体立面或景观空间，但现代化、科技化、主题化、艺术化的灯光已是这场秀中与载体同等重要的主角。城市灯光秀较之城市夜游的超越在于，成功的城市灯光秀可以成为旅游核心吸引物，即旅游者可能会仅为城市灯光秀而来该城市旅游。

3. 实景演出

实景演出也是这种模式的典型代表。GB/T32941.1-2016《实景演出服务规范》中对实景演出进行了定义：以自然景观或人文景观为场地和背景，有鲜明的情景主题、固定的场所和演出时间的露天或半露天的文艺演出。实景演出是"露天或半露天的"，可见其走出舞台这样的室内小尺度空间，走向室外大尺度空间；"以自然景观或人文景观为场地和背景"，可见其主要依赖景观，因而大多不依赖城市；是"文艺演出"，可见其艺术属性；"有鲜明的情景主题、固定的场所和演出时间"，可见其不同于一般的文艺演出，主要为迎合旅游者。实景演出对灯光的最大意义在于，灯光随之走出舞台甚至走出城市，走向大众化旅游者。

4. 景观灯光秀

此外，没有演员在其中，但依托水体、山体、冰雪等自然景观或者殿宇楼台等人文景观打造的景观灯光秀也是这一模式的典型代表。只是在这种类型中，人们的关注点多在自然景观或人文景观，往往忽略了灯光的景观性以及灯光对于这些载体景观性的提升作用。

（三）"灯光＋载体"模式：灯光景观性为主、载体为灯光服务

这种模式下，灯光不再只"为他人作嫁衣裳"，灯光本身成为具有"突出风格"或者具有"表现意味"的"主题照明"[①]，并且因为是独立存在的，所以完全不受城市空间的限制。

1. 照明设施景观

首先来说照明设施景观。严格意义上讲，照明设施景观和本章一以贯之的"灯光"角度不同，但毕竟照明设施是灯光必不可少的基础，而且，灯光也会为照明设施添彩，考虑分析的整体性，也不可忽视它。整个照明设施涵盖灯具设施、控制设施和电源设施等，一般只有灯具设施会出现在公众视野所及的公共空间中，因而本章所说的照明设施景观就是在灯杆、灯具的材质、外观、造型等方面做主题化、艺术化处理，使灯杆、灯具本身成为一种景观。考古发现表明，古人在灯具的主题性和艺术性方面都曾有过卓越的探索。如今，照明设施景观的尝试也有，如国家体育场（鸟巢）周边的草坪灯就是鸟巢形状的，以与整个环境主题相呼应。但目前照明设施景观的发展，整体上更偏重于室内灯具的装饰性，而在室外灯具的景观性方面尚有待提升。

2. 光艺术

再来看光艺术和光装置这两种不可分割但各有侧重的类型。同照明设施景观一样，光艺术和光装置也在室外室内两种空间都有发展。现代的光艺术，暗含以下几层意思：一是虽也考虑到自然光和传统的非电气化的光和灯，但更多与电的使用密切相关；二是它主要表现为一种相对独立的公共艺术；三是因往

---

① 荣浩磊. 城市景观照明的价值取向. 照明工程学报，2013，24（01）：140-142.

往离不开科技的支撑，故是新媒体艺术的组成部分。因而前文提到的花灯和焰火，虽然可谓我国古人在面向贵族的灯具艺术化，但同时又是面向平民的光的艺术化的探索，再有舞龙灯、放河灯、孔明灯，甚至皮影戏等等奇思妙想就更难以穷尽了，但这些暂时不是本章讨论的主体。"载体 + 灯光"模式中的城市亮化和城市美化，"载体 × 灯光"模式中的城市灯光秀，也会体现灯光本身的艺术性，但这其中的灯光艺术不是独立的艺术，也不是本章讨论的主体。有了以上限定之后，现代公共空间中的光艺术按照其风格、发光体和载体的区别大致有以下几种流派，如"极少主义风格"的光艺术作品，在20世纪60年代末统一起来的"光效应艺术（Op art）"和"光运动艺术"，"霓虹灯艺术"等[①]，在这其中，"霓虹灯艺术"因霓虹灯广告这种商业上的大范围应用而最为普罗大众所熟悉。

3. 光装置

光装置即是光装置艺术，它和光艺术不可分割，但其侧重点在"装置"，暗含以下几层意思：一是倚重技术，不只是传统的灯具设施、电源设施所需要的光电技术，传统的控制设施所需要的 IT 技术，甚至是倚重更为前沿或更为底层的诸如无人机、AR、AI、大数据、云计算等技术；二是强调交互，控制灯光的不再只是专业人员或工作人员，灯光不再只是被观看被感受，而更是要观众参与和体验。我国传统的花灯和焰火，虽然不被本章纳入现代光艺术中，但如若添加了科技元素，是可以纳入光装置探讨范围的。

4. 灯光节

最后说到灯光节。灯光节无非是以上诸类型，尤其是光艺术和光装置的集合体，但正是这单体和系统的区别，使得灯光节在商业广告和产业拓展及城市形象和旅游领域更有可为。就像传统的光艺术存在于我国古代的夜市和节日中一样，传统的灯光节也出现在中外许多古老的"宗教活动"[②]之中，代表性的有印度教等的神灯节日和犹太民族的光明节。而说到现代，国际上已形成一些知名的灯光节，国内许多景区或城市也纷纷举办灯光节。但总体上，国内的

---

① 介的．公共空间中的光艺术．公共艺术，2016（02）：5-23.
② 同上．

灯光节往往以宏大叙事见长，国外的灯光节则以艺术家和观众个体的参与体验以及二者之间的互动见长，因而国内的灯光节也应在细节、互动等方面多下工夫。

二、城市听觉品牌标识的声音的深化发展

抖音与头条指数、清华大学国家形象传播研究中心城市品牌研究室联合发布的《短视频与城市形象研究白皮书》中提出"BEST 法则"——BGM、Eating、Scenery、Technology，将城市音乐作为具有辨识度的城市形象符号。近年来，《西安人的歌》之于网红城市西安和《成都》之于网红城市成都最具代表。在此背景下，有必要对具备网红潜质的不止于城市歌曲或者城市音乐的城市听觉品牌标识的声音进行系统梳理。

前文提到城市品牌标识塑造的感知层面，目前主要聚焦于受众被动接受视觉为主的信息，而对听觉等信息的塑造不足。探究原因，一是因为按照人类的神经通路到大脑的距离这一生理学构造，视觉神经为 5 厘米左右，听觉神经为 9 厘米左右，视觉神经通路短，是五感感知中最为直接因而最为迅速的[1]；二是因为社会的技术发展，人类使用文字和图像记录历史由来已久，而在 20 世纪初录音和录像技术产生前，人类没有相应的保存声音的体系，因而声音也习惯性地被人们忽略。但是，相对于直接而迅速的视觉，听觉更具品味上的宽广性，有学者指出，在中国古代成语中，大多数文辞都是"听觉在前，视觉在后"，比如声色犬马、绘声绘色等等，这在一定程度上又印证了事物一旦经过比听觉更为具象的视觉，"品味的空间就会被压缩"[2]。随着科技的发展，声音不仅可以被真实、精确、立体的保存，声音的音质、声场和动态等方面也趋于完善，并且存储容量越来越大，体积却可以做得越来越小，在线传播方式也发展迅速，摆脱了技术条件的限制，不仅听觉的品味能够被完美呈现，音频类产品较之于图片、视频类产品的场景适用性强的优势也在信息泛滥而致使人们注意力稀缺的当下得以完全凸显。

听觉如此重要，声音这一城市听觉品牌标识自然早已受到重视，这里的声

---

[1] 丘濂.城市声音：被忽略的听觉风景.新城乡，2016，（08）：72-74.
[2] 同上.

音，不只包括歌曲和超越单独歌曲的音乐，还包括围绕城市的自然景观、建筑景观、街区景观、空间景观等在内的景观性标识以及文化遗存和文化景观等在内的文化性标识所形成的城市特有的声景，以及超越单独声景的围绕城市的市井文化、市民生活、社会人文等环境形成的更为综合的声境。城市可以围绕歌曲和音乐、声景和声境打造多种类型的网红化的城市品牌声音标识。

（一）歌曲到超越单独歌曲的音乐

在近年来城市音乐成为网红城市更具辨识度的符号之一的范例，以《西安人的歌》和《成都》最负盛名，但音乐与城市品牌结缘，却早有先例。20世纪80年代，就有沈小岑演唱的《请到天涯海角来》让三亚驰名四海，郑绪岚演唱的《太阳岛上》让哈尔滨扬名中国，张暴默演唱的《鼓浪屿之波》让厦门鼓浪屿令人向往等等成功案例，在这股热潮的影响之下，正处在城市标志、城市名称、城市口号和宣传语等城市品牌象征性标识打造阶段的中国城市，也仿照城市标志中的市花市树市鸟等，开始市歌的打造，市歌的打造直至今天仍在继续。

1. 市歌的打造及其问题

最早的市歌打造过程较多采用政府完全主导的形式，即由政府聘请、邀请全国知名词曲作者和演唱者创作市歌。此种情况，或因词曲作者和演唱者并不了解和理解当地，或因词曲作者和演唱者过于知名而无心无力于此事投入过多，导致创作出来的市歌歌词空洞乏味，曲调千篇一律。此后出现了民间人士公益创作市歌的形式，但是与世界上其他许多国家的公益歌曲相比，中国鲜有词曲演唱及传播各方面均成功的公益歌曲，再具体到公益形式的市歌，或因词曲作者和演唱者对市歌的了解不足和理解片面，或因词曲作者和演唱者只是为了完成任务，创作时没有发自内心，导致创作出来的市歌口号化和形式化明显且倾向性太强。再后来出现直至今天仍然比较盛行的政府组织征集形式中，市歌歌词创作方面，极大可能出现与前文提到的城市口号和宣传语的征集出现的单单进行修辞手法的比拼相似的情况，市歌曲调创作方面，则可能出现因应征者的专业度不够而艺术水准不高的情况。

不管是政府完全主导，政府组织征集，还是市民网民自发进行，以上各类市歌的打造都有一个共同的问题，即重视市歌对内的功能而忽视其最为重要的对外的功能，这也解释了为什么市歌也被理解为"城市精神歌曲"①。而受这一共同的问题影响，以上三种形式创作出来的市歌，在歌曲层面存在以下三方面具体问题。一是歌名歌词创作方面，强行以城市名称嵌入歌名或歌词之中，歌名直接命名为《××市歌》、《××之歌》，歌词或描述过于宏大的城市精神，或只是过于琐碎的城市内的景观性标识和文化性标识的罗列。二是曲调创作及演唱者选择方面，政府主导的市歌经常选择通俗唱法之外的美声唱法或民族唱法，随之而来的是演唱者的选取也是少有大众明星，多为被戏称为"晚会歌手"的美声唱法或民族唱法的演唱者，而市民网民自发完成的市歌则走向另一个极端，常表现为专业度不够，艺术水准不高。三是市歌传播方面，政府主导或政府征集的市歌可能会在当地电视台、电台、地方政府官网等媒体出现，也会在城市相关晚会、展会等平台展演，但这些市歌和其他城市品牌象征性标识面临着相似的命运，即只在公布之初在本市居民之中略有影响，此后便少有传唱，而市民网民自发完成的市歌只是在创作者在网络平台发布之初在本市网民中略有影响，甚至一直少有人问津，更是无人传唱。

2. 无市歌之名有市歌之实的歌曲到音乐

前文提到城市口号和宣传语分为对内和对外两大类。第一大类对内的，用于内部统一思想和形成共识，凝聚力量以指引行动，又分为较为抽象的如"城市精神"口号和宣传语，以及较为具体的直指具体的城市目标的口号和宣传语；第二大类对外的，让外部的人认知、认可以及来城市旅游甚至居住和投资的，包括经济和文化方面在内的营销类口号和宣传语，第二大类不仅与城市品牌直接相关，也能间接发挥类似于第一大类的积极作用。但是，与城市口号和宣传语不同的是，市歌由于其创作成本高于城市口号和宣传语而其使用场景却少于城市口号和宣传语，所以市歌很大程度上没必要存在单独对内的那一类，而只要市歌能够发挥出其最为重要的对外的作用，必然也会间接发挥对内的作用。回顾20世纪80年代以来中国城市与歌曲的结缘，从最早的《请到天涯海角来》、《太阳岛上》和《鼓浪屿之波》，到电视剧主题曲《上海滩》和《千年

---

① 方园.城市精神歌曲传播问题与对策研究.南昌师范学院学报，2019，40（03）：117-120.

等一回》，再到《北京一夜》、《北京北京》，直到近年来的《西安人的歌》和《成都》，以上歌曲虽无市歌之名却有市歌之实，不再拘泥于对内功能的主观打造，天然就避免了市歌在歌曲层面存在的三方面具体问题。一是歌名歌词创作方面，即便其中出现城市名称也是出于歌词创作的自然需要。二是曲调创作方面，从 20 世纪 80 年代大众乐于接受的曲调积极正面情绪昂扬的主流音乐之外的抒情歌曲，到 20 世纪 90 年代因电视剧流行而传遍大街小巷的主题曲，再到世纪之交的音乐发展上日益受到欢迎的摇滚，再到近年来的说唱和民谣，都符合音乐自身发展的潮流和趋势。而演唱者甚至词曲作者方面，都是专业音乐人，他们都是基于音乐创作的自发的情感表达，几乎没有出于为故乡或家乡做公益的目的而去创作的情况。三是传播方面，因为以上这些歌曲尤其是 21 世纪以来的摇滚、说唱和民谣等，不似市歌宏大的议论和琐碎的说明，而更多是以芸芸众生的日常生活和酸甜苦辣完成叙事的建构，因而更易引起情感共鸣进而被广泛传唱。

不再受市歌之名限制的与城市相关的歌曲，也不再像市歌一样与市花市树市鸟等，以及城市标志、城市名称、城市口号和宣传语等城市品牌象征性标识那般受限，另外，有学者指出，相对于西方音乐中有关地点的话语主要关注城市、城镇或乡村，包括亚洲流行音乐在内的非西方流行音乐中的地点则倾向于国家这一层级[①]，可见，歌曲和音乐与城市的结合，在中国还有很大的空间。一是音乐方面更多的可能，除了以上列举的具体的某一首歌曲、某一类歌曲，城市的音乐，还可以是具有城市特色的民歌、方言歌之外，城市特有戏曲、曲艺等演唱形式，城市特有的乐器、演奏方式等等。除了符合和紧随音乐发展潮流与趋势的流行歌曲、摇滚、说唱、民谣等，还可以发展多种音乐形式，如以城市为主题的交响乐，2012 年，作曲家谭盾应西安交响乐团之邀创作了《交响地图：新丝绸之路——长安》，作品中承载的音乐观念、音乐技术以及文化探索精神，赋予了西安这座古城国际视野与现代活力。二是音乐与城市品牌其他方面的结合，除了以上提到的电视剧主题曲，音乐与城市形象片也可进行结合，让音乐为影画添彩，不只是 MV 型的城市形象片，还有城市形象片的主题曲、配乐等方面。三是音乐可与城市实际相结合，从 Live House 到音乐节，

---

① 申铉俊，何琦隽.主流的诞生：1980年代韩国的流行音乐与城市地理.全球传媒学刊，2016，3（02）：122-129.

从城市空间到景区景点等等。城市歌曲和城市音乐的以上发展，不只放大其作为城市品牌象征性标识的作用，其自身也已成为城市品牌景观性标识和文化性标识的重要组成部分。

（二）声景到超越单独声景的声境

当跳出市歌、歌曲，思考音乐与城市的结合，城市更多的声音必然被听到，这就是音乐之外城市的声景。

1. 声景研究的现状及问题

20世纪60年代末70年代初，加拿大作曲家、科学家默雷·夏弗（R.Murray Schafer）首次提出Soundscape（声音景观，简称声景）理论；此后，声景理论在加拿大、英国、日本等国的发展比较具有代表性；中国台湾地区的声景理论研究以新竹清华大学王俊秀的研究为早期代表，其研究就已涉及到城市营销领域；中国大陆地区最早进行声景理论研究的是李国棋，他于2001年向北京市教委申请《Soundscape——声音景观的研究与应用》课题立项获得批准[①]，此后许多学科和领域对声景理论都有涉及。进一步在中国知网上查阅声景理论被引入中国大陆地区以来的相关文献，总体数量不多，且学科分布极其分散，但基本呈现以下特点：一是将声景作正面、肯定理解，默认其中不包含噪声，因而对于噪声的研究和对于声景的研究很少有交集；二是对声景的研究大多集中于较为具体的城市工程、建筑设计领域，这类研究中多涉及到建筑材料和结构与噪声有无、大小的关系；三是结合环境的声景研究多是与自然环境的结合，因此研究以园林、景观、生态等设计为主，形成声音生态学、声音景观学等；四是只有少量研究涉及到城市人文环境，因为城市人文环境的范畴较广，这部分研究也较为分散，同时研究对象也较为具体，如对历史遗产（如古寺梵音）、艺术作品（多是当代艺术或后现代艺术）方面的研究，鲜有对城市市井文化、市民生活、社会人文等环境的研究。

本研究认为，噪声在城市声音中占有重要一席。调查显示，不管大城市还是小城市，在所有环境投诉中，噪声污染投诉所占比例都是最高的，但是，城

---

① 李国棋. 声景研究和声景设计［博士学位论文］. 清华大学，2004.

市噪声管理的难题在于城市不只要安静,还要有声音,这就涉及到绝对噪声与相对噪声的问题。城市噪声主要分为工业噪声、建筑施工噪声、交通运输噪声和社会生活噪声四类,前三类有比较清晰的边界,可归为绝对噪声,对其的防治着重在前期规划设计和硬性管理层面,而随着城市发展新增的社会生活噪声作为投诉比例最高的噪声,很难划分出清晰的边界,可归为相对噪声,对其的管理是个难题。一方面,虽然相关标准中划分了0至4共5类声环境功能区,并对是否为噪声的分贝、时间段进行了规定,但在具体执行过程中,由于噪声源较多且随机,很难采用整齐划一的噪声源的控制标准,同时又牵涉到环保局、公安局、城管局等众多部门,导致标准的协调性、可行性方面尚有明显的不足。另一方面,也是更为重要的,城市居民对社会生活噪声的确认具有主观不确定性,以人们对待遍布大街小巷的大排档的截然相反的态度为例,一边是通过百度指数以"大排档"和"噪声扰民"作为对比词查询发现,这两个关键词对应的百度指数曲线呈现高度的正相关性,而另一边是2017年6月中国版电视剧《深夜食堂》遭到广泛诟病时,有一种呼声得到了多数人的响应,即中国版的深夜食堂怎么能不是大排档?可见,工业噪声、建筑施工噪声和交通运输噪声等绝对噪声要尽量避免,但社会生活噪声作为相对噪声,由于人们的主观感受不一致,有时甚至可以转化为城市声景,即社会生活噪声与声景有交集,而研究社会生活噪声与声景交集的相对噪声,可以弥补当下研究中对于城市市井文化、市民生活、社会人文等环境中的声音研究的不足。

2. 声境的提出与城市声境的打造

噪声管理的难题在于社会生活噪声这种边界不清晰的声音在何种情况下被确定为噪声,在何种情况下又可能转化为城市声景,而这最好要结合声音所处的社会生活环境来分析。前文所举的大排档例子,若单独看其夜夜笙歌的分贝,则必属噪声无疑,但若考虑中国独有的市井文化,如若将其完全取缔似乎又不近情理。同样,广场舞噪声扰民而引发冲突的报道也时常见诸报端,但是却始终未能彻底根治,也在于其复杂性而不能一刀切。以北京奥林匹克公园景观大道为例,其于2009年入选新北京十六景,2012年左右被外国人评为最能体现北京幸福感的地区之一,而此地最有特色的不只在于鸟巢、水立方、玲珑塔等建筑景观,更在于每当入夜,这里便迎来了类型不一的广场舞方阵,还有现代舞方阵和流浪歌手及乐队。另外，2016年凤凰新闻在为某品牌汽车推广的时候推出的《听声音，猜城市》的H5页面中，更是搜集了便利店门铃、早茶、鸽哨、搓麻将声、呼麦、秦腔、二人转、闽南语、乌篷船划水声、QQ好友上线提示音等分别作为上海、广州、北京、成都、呼和浩特、西安、沈阳、厦门、绍兴、深圳的代表声音。同年烟台城市形象片《听见城市的声音》更是一反常规的城市形象片套路，不仅片名中提到"声音"，片中更是选取烟台30多个地方，录制了公交车报站、海浪拍岸、海鸥、汽笛、高铁、博物馆解说、街坊邻里寒暄、狗吠、教堂和寺庙敲钟、商业街熙熙攘攘、菜市场热热闹闹、小吃摊煸炒海鲜、工地上加紧施工、传统曲艺胶东大鼓和城市广播等烟台这座美丽的滨海城市的声音，给人留下了深刻的印象。如果不考虑社会生活环境，这其中许多声音可能就被列入噪声之列了。可见，若从声音本身出发辨别其是噪声还是声景，则过于简单化和机械化，只有结合城市的社会生活环境，噪声和声景的辨别才更具指导意义。基于以上分析，本研究提出将以声音为主体的声景理论转化为以城市社会生活环境为主体的城市声境理论。

  城市声境的打造就是将处于噪声和声景中间地带的声音进行分类，对其实施分门别类的精细管理和运营，将其完美地融入城市社会生活环境之中，成为城市形象的重要组成部分，体现一座城市的美学价值。具体打造手法包括以下三方面。

  一是空间分隔，让一小部分人找寻城市声音之美。针对已经消逝但尚未走远的城市声音"新遗产"，如叫卖声等，在城市中分隔出单独的空间，如旅游区或艺术区，进行展示以保存其活力。一方面，这些声音虽不久远，但已消逝，很难在现实社会中复原；另一方面，这些声音虽已消逝，但尚不久远，比较容易营造出展示场景，且只有场景化展现才能保持其生命力，而不会在保护中走向消亡。空间分隔的这类城市声音，主要面向的是城市中光顾旅游区或艺术区的一小部分人，是这一小部分人在城市中找寻的具有样本意义的城市声音之美。二是时间限制，让一部分人体验城市声音之美。针对没有消逝还在城市之中的声音，如前文所说的大排档和广场舞的声音等，按照噪声管理的相关法律标准，结合实际情况进一步细化，给其画出一个时间线。如在以居民住宅、医疗卫生、文化教育、科研设计、行政办公为主要功能，需要保持安静的1类声环境功能区和以商业金融、集市贸易为主要功能，或者居住、商业、工业混杂，需要维护住宅安静的 2 类声环境功能区，细化已有和未知而随机的噪声源，定位到相应的管理部门，严格按照昼间夜间的分贝要求对声音进行时间限制。对这类城市声音的时间限制，更好地维护了居于城市之中的居民的利益，同时让置身于大排档和广场舞鲜活城市声境中的一部分人，在城市中体验这有限度的城市声音之美。三是场景渗透，让一整城人爱上城市声音之美。针对在城市之中却似不在城市之中，以地方方言或土语等为代表的尚未消逝但已濒危的城市声音，我们可采用场景渗透的形式，不只是建立和完善语言资源库，用现代技术手段记录保存少数民族濒危语言，因为这似乎是在放任方言在城市生活中的消逝，而是要采用具有"双语教学"、"方言推广"、"双文化教育"等特点的语言政策，比如上海市部分公交车在采用普通话和英语报站的同时也使用上海方言报站。对这类城市声音的场景渗透，既为本地人保留了城市的声音记忆，也对外来者展示了城市的声音魅力，展示了一座城骨子里的美，让人不只是在城市中找寻，在城市中体验，更会让人切身爱上这座城。

三、小结：城市品牌标识发展的问题

城市品牌标识的打造在经历了传统媒体环境下的城市标志、城市名称、城市口号和宣传语等象征性标识的率先发展后，已经开始转向新媒体和社会化营销环境下的城市景观性标识和文化性标识的网红化打造。但是，目前的城市品牌标识网红化打造，基本还是以城市经济发展为目标的，这就存在一定的局限性，而对这一问题的解决，还要回到品牌概念内涵框架下，城市品牌标识应进一步向城市品牌形象和城市品牌关系深化发展。

第三章
视觉形象回顾到城市品牌形象人设化建议

通过前文以品牌的内涵和外延为框架对城市品牌的梳理，城市品牌形象即城市品牌的人的范畴，早期多以城市形象片，以及常常在形象片中出现的城市代言人，还有在城市形象片和城市大型活动中常常出现的城市吉祥物等视觉形象为主。而在当下人口在不同城市之间流动日益频繁，以及新媒体和社会化营销环境下，人们对一座城市的品牌形象认知来源除城市形象片、城市代言人和城市吉祥物等视觉形象外，更包括城市政府和管理者，以及普通市民和居民在内的城市相关的人的行为形象，以及这些行为背后所体现的城市的理念形象，这就需要城市结合自身情况以及目标受众情况为自己设立一个能够立得住的人设，这个人设既是包括城市政府和管理者，以及普通市民和居民在内的城市相关的人的行为的集中体现，也是这座城市的理念的集中体现，而城市人设背后离不开城市的社会治理。

下文就先对城市形象片、城市代言人和城市吉祥物等早期的城市品牌视觉形象发展的历史进行回顾，总结其中的问题，推导出城市品牌形象当前发展过程中以行为形象和理念形象的典型代表为主打造城市人设的必然性，验证前文城市品牌塑造模型中城市品牌形象从视觉形象为主到行为形象和理念形象为主的人设化的假设的合理性，并提出城市品牌形象进一步人设化的建议。

第一节 视觉形象发展的历史回顾和主要问题

前文梳理自改革开放后20世纪80年代开始，中国各城市着力于城市标志、城市名称、城市口号和宣传语等城市品牌象征性标识的打造，而城市标志、城市名称、城市口号和宣传语这些象征性标识大多不是独立存在的，它们多数时候是被置于城市形象片中推出的。不过，城市形象片却不是以这些象征性城市品牌标识作为主角的，事实上，相对于这些静态的物的标识，与城市相关的形形色色的人，或者是代表城市的形形色色的人的代言人或吉祥物，才是城市形象片的真正主角。

一、城市形象片：分类、问题与对策

城市标志、城市名称、城市口号和宣传语等城市品牌标识作为主要元素，加上影音素材，共同构建成为城市形象片。城市形象片因为是影视化表达，所以它的传播是"动态化、持续化的信息流动过程"，并且形成了自己"相对独立的表达体系"[①]。

（一）城市形象片的外部和内部分类

因为城市形象片的相对独立，因而较之于城市标志、城市名称、城市口号和宣传语等城市品牌标识，更为复杂。下面分别从城市形象片的外部和内部分类来厘清城市形象片的外延和类型。

1. 外部分类

当说到城市广告的视频形式时，常有城市宣传片、城市广告片、城市形象片等不同概念的混用。下面先从这几个概念的辨析来说明城市形象片的外部分类。

寇非将城市品牌广告分为城市形象广告、招商广告、旅游广告、节庆会展广告等四类[②]，聂艳梅将当前中国的城市形象片分为旅游形象广告片、招商推介广告片、大型活动推广片、城市形象片、综合类广告片等五类[③]，张吕、易为将城市形象影像类型分为纪录片、专题片、广告片、微电影等四类[④]。

结合以上分类，本研究将各类城市影像统称为城市宣传片，就如同城市口号和宣传语分为对内的包括政治和社会方面在内的泛政治类和对外的营销类一样，城市宣传片也可分为对内和对外两类，当然，对外为主，可称之为城市广告宣传片即城市广告片。

按照城市宣传片的制作特色特别是直观的时长划分，又可分为纪录片、专题片和形象片三类，纪录片有"深度"，"真实细腻但气势不足"，时长最长，

---

① 宋巍.城市形象片的表达类型与特征分析.传媒，2018（06）：58-59.
② 寇非.城市品牌传播中的城市广告探析.新闻战线，2009（02）：52-55.
③ 聂艳梅.我国城市形象片创作现状与创作策略.上海师范大学学报（哲学社会科学版），2011，40（04）：95-102.
④ 张吕，易为.城市形象的影像建构与大众传播.中国电视，2016（11）：45-49.

甚至可以是几集的系列片;专题片"宏大",宏观全面但不能细致深入,时长一般可达 30 分钟以上;形象片"凝练","音画绝美但浮光掠影",时长一般在 10 分钟以内①。另外,按照城市宣传片的拍摄目的划分,纪录片面向内外全部受众;专题片面向细分受众,招商推介类大多属于此类;形象片主要面向外部受众,以潜在旅游者为主,所以旅游形象片是形象片的主要形式。另外,面向外部潜在旅游者为主的城市旅游形象片,与以文化旅游为主要宣传点的城市口号和宣传语相似,也会间接地对潜在投资者产生影响,更会对内部市民产生间接影响。也就是说,"影像在两个向度上改变了人与城市的关系",城市旅游形象片通过"再现"模式,使得媒介影响了潜在旅游者和潜在投资者等外部受众为主的人们对于城市的认知;同时,城市旅游形象片通过"拟仿"模式,影响城市市民内部受众为主的人们,进而将自身变成了城市的一部分②。

综上,城市形象片是城市宣传片的一类,所以也被称为城市形象宣传片。城市形象片主要是指直接面向外部潜在旅游者的城市旅游形象片。因为是面向外部受众,所以也被称为城市广告形象片。

2. 内部分类

宋巍将城市形象片的表达类型分为专题型、故事型、MV 型、动画型、无声型等五类③。褚娜又单独提及了名人代言类④。

仔细分析宋巍提到的专题型,他以《魅力深圳》《美丽苏州》等作为典型代表,认为"旁白"是专题型形象片"最大的亮点"⑤,可见,这一类型强调的不是专题而是旁白,为避免"专题型"形象片这一说法与形象片外部分类中同形象片并列的专题片混淆,暂且将这类称作解说型。此外,在传统的城市形象片中占据较大比重的解说型,因为其解说词常常只是前文提到的高权力距离、高不确定性和集体主义的倾向的主观阐释,因而往往很难在短时间迅速形成代入感以打动观众,再加之这些解说词多为节奏缓慢的散文式,很难适应当下新

---

① 张吕,易为. 城市形象的影像建构与大众传播. 中国电视,2016(11):45-49.
② 孙玮. 镜中上海:传播方式与城市. 苏州大学学报(哲学社会科学版),2014,35(04):163-170.
③ 宋巍. 城市形象片的表达类型与特征分析. 传媒,2018(06):58-59.
④ 褚娜. 国内城市形象片创作研究[硕士学位论文]. 陕西科技大学,2014.
⑤ 宋巍. 城市形象片的表达类型与特征分析. 传媒,2018(06):58-59.

媒体和社会化营销环境下的快节奏和短时长，所以当下的城市形象片正朝着口语化解说甚至去解说词化的方向发展。

解说词不再"散文式"而朝向口语化，甚至去解说词化的方向发展，就出现了关键信息以字幕形式呈现，整部形象片配以背景音乐形式呈现的配乐型城市形象片。

配乐型城市形象片再发展，音乐从背景变成主体，变成完整的歌曲，甚至其歌词也会在字幕中呈现，而城市的相关元素都要融入音乐或歌词之中，就形成了MV型城市形象片。张靓颖演唱并演绎的《I Love This City》是宣传成都的典型的MV型城市形象片。

另外，褚娜又单独提及了名人代言类型，提到了《无数个姚明 好一个上海》。但是，这一案例中，也只不过是以姚明为线索将城市相关元素融入音乐之中，其形式比较接近MV型或配乐型，但其内容却和下面的故事型和动画型更为相似。

就像解说型不适合快节奏和短时长的新媒体和社会化营销环境，配乐型、MV型和名人代言型也较难在新媒体和户外大屏展开，因而就出现了仅以城市元素画面配以城市元素字幕的无声型城市形象片，有些无声型城市形象片只是配乐型、MV型和名人代言型城市形象片的短小版本。

与无声型形成鲜明对比的是故事型，故事型亦即张吕、易为提到的微电影型，它具有较强的电影艺术色彩，最典型的案例是2003年张艺谋执导的《成都，一座来了就不想离开的城市》。

另外，宋巍提到的动画型，提到了《上海印象》《动画五羊篇》等案例，其中，《动画五羊篇》是广州市的城市精神宣传片，对应到前文对城市宣传片的分类，显然它更接近于对内而不似对外的广告片，所以也不在本章所要讨论的城市广告形象片范畴内。但是，《上海印象》以动画的形式讲故事，《动画五羊篇》以动画的形象作代言，都是比较新的尝试。

综上，城市旅游广告形象片即城市形象片最终分为：最为常见的解说型和配乐型，容易让人耳目一新的MV型和名人代言型，比较适宜新媒体和户外大屏的无声型，创作难度较高的故事型和动画型。

(二)城市形象片的问题及解决对策

厘清了城市形象片的外延之后,接下来就可以梳理城市形象片的发展,并对应其中存在的问题提出相应的解决对策。

1. 发展

1999年,《中国威海》城市形象片在中央电视台播出,开启了中国城市形象片的先河。威海城市形象片将城市旅游广告从单独宣传城市具体的景点景区上升到宣传城市整体形象,可见,城市形象片从源头开始,就和旅游有着天然的联系。此后,2004年至2008年,对于城市形象片的推广和普及,媒体在其中扮演了非常重要的角色,其中包括中央电视台和人民日报等。随着越来越多的主流媒体的推动,越来越多的城市开始加入到城市形象片的制作和投放活动中来。特别是2011年以来,中国国家形象片的推出,使得城市形象片的发展上了一级台阶并且走向世界。另外,随着互联网,尤其是移动互联网的发展,城市形象片日益从解说型向故事型、MV型,再向无声型转变,时长可调、形式多样的城市形象片在电视、户外大屏、网络和社交媒体等终端迅速传播,在城市品牌形象塑造中发挥了重要作用。

2. 问题及解决对策

从1999年至今,梳理中国城市形象片20余年的发展,主要可从内容的文化策略、拍摄的叙事策略、传播的创新和扩散三个方面来看存在的问题及相应的解决对策。

内容的文化策略层面,易中天称把城市形象片拍成了"扬州炒饭"[1],即早期的城市形象片只是城市元素的简单拼接,这就导致各个城市的形象片缺乏条理、缺乏深度,进而缺乏创意。针对此,首先要追求具有整体性的核心主题,再在此基础上定位形象,进行创意。

拍摄的叙事策略层面,易中天称把城市形象片拍成了"婚纱摄影"[2],即早期的城市形象片大多采用"航拍大远景画面"、"高饱和度色调"、"标志性的

---

[1] 易中天. 城市形象片:误区与对策. 中国广告,2005(03):24-25.
[2] 同上。

人物笑脸"①等模式化的影像语言，无法彰显个性。针对此，一方面拍摄手法上要采用受众视角，一方面拍摄叙事上要引发受众情感共鸣或身份认同。

传播的创新和扩散层面，易中天称把城市形象片拍成了"政府公报"②，即早期的城市形象片大多是"市长"意志的体现，而不是"市场"需求的反映，这些城市形象片不仅堆积大量的城市发展的成就，而且大多选取中央电视台等主流权威媒体投放，而且常常因为城市政府领导的变换而难以保持一致，甚至城市某一大型活动的形象宣传也无法和城市整体的形象宣传保持一致。针对此，一方面，要创新城市形象片的内容和形式，诸如前文提及的模式化宏大叙事要转到受众视角的微观叙事，注重解说词的写作，同时要尊重新媒体受众的媒介使用习惯，准备时长可调的多个城市形象片版本，加大互联网特别是移动互联网媒体的投放，增加城市形象片的传受互动。③另一方面，应保持核心主题的延续性和整体性，保证城市形象片在不同政府领导时期，以及在大型活动中的宣传和城市整体形象宣传的内在一致性。

城市形象片日益从解说型向故事型、MV型，再向无声型转变，也是以上三个方面解决对策的集中体现。

二、城市代言人：类型与优劣势对比

代言人，同吉祥物一样，也是最早应用于产品、企业等商业品牌，具有塑造和传播具体产品功能、形成品牌识别、增加品牌资产等诸多作用，但其最重要的作用则是展现品牌形象，引发受众的品牌联想，在这一联想中，代言人或作为品牌主的映射，或成为品牌受众的映射，因而，代言人更确切地全称是品牌形象代言人。城市代言人既与非人拟人的城市吉祥物有关联，也与展现城市相关人物形象的城市形象片有关联，是整个城市品牌形象中重要的一环。

（一）城市代言人的类型

代言人是一个宽泛的概念，同最早应用于产品、企业等商业品牌时一样，

---

① 甄真.城市形象的影像话语塑造——城市宣传片创作模式读解.当代电视，2014（03）：104-105.
② 易中天.城市形象片：误区与对策.中国广告，2005（03）：24-25.
③ 李鲤，田维钢.城市形象片传播中的认同建构策略.当代传播，2017（04）：39-41.

城市代言人最早指向的是人，特别是名人。当城市代言人从外部名人向内部名人扩展后，城市内部的普通人也成为城市代言人的重要构成。随着社会化媒体的发展，互联网环境下普通人被称为"草根"。而随着存在负面信息的代言人可能会对其代言的产品或品牌产生负面影响这一情况的出现[①]，很多企业权衡之后转向采用虚拟人物作为代言人，而在城市代言人问题上，类似于虚拟代言人的城市吉祥物的发展甚至要早于名人和草根的城市代言人真人。相较于大型活动中存在的会徽会旗只是市徽市旗的一种特殊形式，大型活动中的口号和宣传语只是城市口号和宣传语的一个分支，大型活动推广片也只不过是城市形象片的一个子类，城市代言人和城市吉祥物的侧重点却有所不同，二者都更多地出现在城市所举办的大型活动中。另外，虽然有研究将诸如测评机构、专家机构等第三方列入代言人的范畴[②]，并且在城市领域的典型建筑、景区、城市雕塑、公共艺术等似乎都可成为城市代言人，但本研究主要将代言人锁定在包括真人和拟人的"人"的范畴内。下面主要从名人代言人到草根代言人再到虚拟代言人作逐一分析。

1. 名人代言人

名人代言人类型多样，传统的名人代言人可分为演员、歌手和模特等明星、运动员、专家、企业家和政治家等[③]，近年来，随着社会化媒体的发展，互联网名人"大V"因其在互联网上强有力的话语权对消费者可产生巨大影响而成了不可忽视的新的名人代言人类型[④]。城市以名人作代言人，首先借鉴产品、企业的名人代言人经验，不自觉地采用外部名人，并以娱乐明星、运动员为主，但由于城市与产品、企业的不同，越来越多的城市开始发掘其内部的名人，并从娱乐明星、运动员更多地扩展至专家、企业家，尤其是政治家。

---

① Brian D. Till,Terence A.Shimp. Endorsers in Advertising：The Case of Negative Celebrity Information. Journal of Advertising，1998，27（01）：67-82.

② Dean H D,Biswas A. Third party organization endorsement of products：An advertising cue affecting consumer pre-purchase evaluation of goods and services .Journal of Advertising，2001，30（04）：41-57.

③ N. Saldanha,R.Mulye,K.Rahman. Who Is the Attached Endorser? An Examination of the Attachment-Endorsement Spectrum. Journal of Retailing and Consumer Services，2018，43：242-250.

④ S. A. Jin,J. Phua. Following Celebrities' Tweets about Brands：The Impact of Twitter-Based Electronic Word-of-Mouth on Consumers' Source Credibility Perception，Buying Intention，and Social Identification with Celebrities. Journal of Advertising，2014，43（02）：181-195.

采用外部名人作城市代言人比较成功的案例有女子十二乐坊 2004 年成为杭州旅游形象代言人，以及刘若英 2007 年和 2017 年两次作为乌镇景区代言人。采用内部名人中的娱乐明星和运动员作城市代言人比较成功的案例有前文提到的成都与上海。张靓颖于 2008 年作为成都市的代言人演唱并演绎《I love this city》MV 型城市形象片，姚明、刘翔于 2005 年担任上海市代言人并拍摄城市形象片。

政治家作为城市代言人整体上是最容易成功且也最易引发话题的尝试，如张家界市长赵小明 2009 年以卡通形象代言张家界国际乡村音乐节引热议，山西省 11 个地市的市委书记、市长或副市长 2016 年在山西卫视制作的《人说山西好风光》节目中做城市推介演讲并正面 PK（Player Killing 的简写，即对抗），意外成为"网红"。而国家领导人作为国家代言人则更值得专门讨论，因为"政治理性"[1]使得国家领导人不会轻易为一般的广告主代言一般的产品，但是为国家形象代言却要另当别论，因为国家领导人代言超越于一般名人代言的传播效果，美国前总统布什、日本前首相小泉纯一郎等都曾为各自国家的旅游形象代言。

2. 草根代言人

品牌代言其实质目标在于以品牌和代言人的结合，将受众对代言人的正面联想转化到品牌认知中，而可以促成联想转化的人并不限于名人[2]，采用草根代言得当的话，也能产生理想的效果。但是因为草根的特征较难进行描绘和测量，因而草根代言相关研究较少。不过，有研究提出，由于服务大多具有高度互动的特征，因而顾客满意与否通常取决于员工的绩效，因此，服务行业采用员工作为代言人更为有效[3]。还有研究指出，传统文化类型景区的宣传，以当地的原住民作为代言人更为适宜[4]。以上两个研究结论都可具体应用到服务业

---

[1] 宋玉书.尊崇与戏谑：国家领导人"代言"广告分析.中国地质大学学报（社会科学版），2010，10（04）：88-93.

[2] Aaker D A. Managing Brand Equity: Capitalizing of the Value of a Brand Name. New York: Free Press, 1991: 46.

[3] Stephens N, Faranda W T. Using Employees As Advertising Spokespersons.Journal of Services Marketing, 1993, 7（02）：36-46.

[4] Chang J, Wall G, Tsai C T. Endorsement Advertising in Aboriginal Tourism: An Experiment in Taiwan.International Journal of Tourism Research, 2005, 7（06）：347-356.

和文化旅游的草根代言研究方面。

与名人的数量相比，城市内部更多的是草根，城市的发展也离不开草根，因此，以草根作为代言人，更能增加城市内外人们对城市的认同。不过，采用草根代言城市，如果只是不加选择地随意采用，就会像城市形象片中"标志性的人物笑脸"一样，城市代言也失去了其代言人的代表性和城市形象的独特性。因而，代言城市的草根应该是其工作贡献能够体现城市文化的，或者其个性特点和城市精神相吻合的，基于此，出租车司机、公交车司乘人员等与外来人员接触较多的服务行业员工，以及文明市民、见义勇为市民等很多时候被选择成为城市代言人。

3. 虚拟代言人

说到城市虚拟代言人，首先要从城市吉祥物说起。城市吉祥物中只有极少数是特定的人的形象，占大多数的是动植物类和创意类城市吉祥物形象，并且多有拟人化倾向，尤其是当城市吉祥物的设计从静态平面设计向动态立体设计深化，当城市吉祥物被赋予了动作以及在社交媒体上与受众、粉丝互动的行为之后，城市吉祥物则逐步具有了人格化倾向。拟人化和人格化的城市吉祥物可被看作虚拟的城市代言人。

另外，文艺作品尤其是文学作品中的人物，也是城市虚拟代言人的重要来源，这些虚拟人物常常以典型建筑、景区、城市雕塑、公共艺术等非人的城市代言人形式展现，例如，湖北省襄阳市打造郭靖、黄蓉"射雕情缘"主题雕像，江苏省扬州市打造韦小宝为主题的"鹿鼎城主题公园"，山西省娄烦县提出打造"孙大圣故里风景区"，甚至山东、安徽两省三地争作"西门庆故里"，国外亦有日本东京曾任命"哆啦A梦"作为2020年东京奥运会的申奥大使，丹麦将哥本哈根的城市符号"美人鱼"作为整个国家的标志。

（二）各类型城市代言人优劣势对比

前文提及随着存在负面信息的代言人可能会对其代言的产品或品牌产生负面影响这一情况的出现，很多企业权衡之后转向采用虚拟人物作为代言人，而在虚拟代言人、名人代言人和草根代言人之间，其优劣势不止于此，可从影响力、独特性、成本、风险和稳定性五个方面进行对比分析。对比分析名人代言人、草根代言人和虚拟代言人的优劣势之后，城市就可因地因时因势作好代言人的选择。

1. 名人代言人的优劣势

城市名人代言人的优势主要体现在影响力大方面。代言人本就是从名人代言开始的，围绕名人代言的研究也最为集中最为成熟，其中名人代言效果研究是重要部分。研究显示名人代言效果的体现主要可分为两类：一是广告心理效果，名人代言会促使消费者对品牌产生积极的态度，进而提高其购买意愿[1]；二是品牌传播效果，除了直接促进销售，名人的专业性和可信赖性会提升品牌价值，实现品牌资产的增值[2]。

成本高、风险大和稳定性低则是名人代言人的主要劣势，这尤其体现在娱乐明星、运动员等名人身上。不过城市采用名人代言人与产品、企业采用名人代言人略有不同，尤其是当这些名人是城市内部名人时，特别是城市内部的专家、企业家和政治家等名人时，其代言成本、风险和稳定性等方面都相对可控一些。

再说到独特性，因为娱乐明星、运动员等名人往往为多个产品和企业品牌代言，已有的研究还存在名人代言多品牌或稀释或增强消费者对产品和品牌的感知评价的争议[3]，而娱乐明星、运动员的多品牌代言对其再代言城市又有怎样的影响则更加复杂。另外，城市内部名人虽然选取的是家乡为该城市的娱乐明星、运动员等，但除了其专业领域与家乡有渊源外，如赵本山的小品之于东北，郭德纲的相声之于天津市，否则这些名人可能越是知名其去家乡化特征越是明显，因而其代言的独特性更难保证，而城市内部的专家、企业家，尤其是政治家等名人代言城市时，其独特性则更强。

---

[1] C.Amos, G.Holmes, D.Strutton. Exploring the Relationship between Celebrity Endorser Effects and Advertising Effectiveness: A Quantitative Synthesis of Effect Size. International Journal of Advertising, 2008, 27（02）: 209-234.

[2] A.Dwivedi, L.W.Johnson, R.E.Mcdonald. Celebrity Endorsement, Self-Brand Connection and Consumer-Based Brand Equity. Journal of Product & Brand Management, 2015, 24（05）: 449-461.

[3] 何浏，王海忠，朱帮助，田阳.名人多品牌/产品组合代言溢出效应探析——一项基于网络外部性视角的研究.管理世界，2011（04）: 111-121+157.

2. 草根代言人的优劣势

草根代言人的优势主要体现在成本低、风险少两个方面。

通常情况下，不只是相较于名人代言人，即便相较于虚拟代言人，草根代言人都可能影响力更小，独特性更弱。但是，随着社会化媒体的崛起，如若运营得当，契合互联网精神的草根代言人的影响力和独特性也是不可小觑的，因为在信息快速迭代的年代，受众很容易对过度曝光的名人代言人失去新鲜感和好奇心，而草根代言人却能凭借其本色形象唤起受众的身份认同和情感共鸣[①]。

稳定性高是虚拟代言人的优势，稳定性低是名人代言人的劣势，而对于草根代言人，稳定性高有时反倒是劣势，因为这一定程度上是草根形象和城市形象固化的表现，而稳定性低有时反倒是优势，说明城市文化和城市精神在不断深化，唯有与时俱进的草根形象，才能同城市形象共同成长。

3. 虚拟代言人的优劣势

虚拟代言人的优势主要体现在风险少、稳定性高两个方面。与真人代言人尤其是其中的名人代言人可能存在负面信息不同，虚拟代言人一般不会出现真正的错误，更利于维护城市形象。虚拟代言人一旦设定，一般能够持续性地与城市共同成长，具有较高的稳定性。

成本低也是此前研究经常提及的虚拟代言人的优势之一，但也正是因为这种认知，各方主体投入较低，导致此前不管是企业还是城市，其虚拟代言人的发展整体不突出。事实上，成本高低一定程度上决定了虚拟代言人的影响力大小和独特性强弱。

当城市虚拟代言人也和城市吉祥物一样，设计从静态平面向动态立体深化，并被赋予动作以及在社交媒体上与受众、粉丝互动的行为之后，就可以给人更多的想象空间，具有极强"可塑性"[②]的城市虚拟代言人就会具有更大的影响力。

---

① 贺清滨，许新宇.草根代言：文化研究视阈中品牌传播新动向.企业经济，2017，36（01）：13-17.

② 周频.虚拟形象代言在图书馆中的应用探究.国家图书馆学刊，2015，24（03）：85-91.

城市虚拟代言人本身就具有"专属性"①，人们又可以按照自己的理想和意图，使其最大限度地满足具有心理差异的目标群体的不同情感需要，这使得不同城市的虚拟代言人之间，以及同一城市虚拟代言人在不同受众之间，都有较强的独特性。

三、城市吉祥物：发展与趋势

城市吉祥物，与城市LOGO、城市口号和宣传语等城市品牌标识，以及城市品牌形象中的城市形象片之间，有着千丝万缕的联系。一方面，城市吉祥物与城市口号和宣传语一样，不只存在于常规的文化旅游为主的城市营销之中，更经常出现在城市所举办的各类大型活动之中。另一方面，城市吉祥物的素材与城市LOGO及其前身市徽的素材来源大体一致，有相对具象的市花市树市鸟等城市标志物，也有相对抽象的城市文化符号。而且与城市名称、城市LOGO、城市口号和宣传语三种主要城市品牌标识常常出现于城市形象片中一样，城市吉祥物也常常作为城市形象片中的重要元素。另外，前文也提到，城市吉祥物也是一种城市虚拟代言人，不过，就像城市吉祥物不是城市虚拟代言人的全部一样，城市虚拟代言人也不是城市吉祥物的全部。

下面，笔者就从吉祥物的历史和分类说起，进而分析城市吉祥物的大致类型，以及从具体设计到整体发展的趋势。

（一）从吉祥物到城市吉祥物

吉祥物，从其古代到现代的历史来看，主要分为传统文化吉祥物和现代吉祥物两大类。现代吉祥物又可分为企业吉祥物为主的商业吉祥物，节庆、会展、赛事等大型活动吉祥物，文化旅游为主的城市吉祥物等等。

1. 传统文化吉祥物

吉祥物诞生于原始社会人类在同大自然的斗争中形成的趋吉避邪的本能观念。因而，吉祥物的范畴很广，凡是能够表达人们寄托祈福、表达敬意、消灾

---

① 周频.虚拟形象代言在图书馆中的应用探究.国家图书馆学刊，2015，24（03）：85-91.

灭害、驱鬼逐魔等愿望的动物、植物，甚至特定的人，都可视为吉祥物。围绕吉祥物所形成特有的图案、语言和文化现象等视觉或者声音上的符号，是人类文明的一种特殊的文化形态，体现了氏族成员的共同意识，是人类最早的一种"社会组织标志与象征"①。

在中国，吉祥物的加工手法包括几种，一是放大或延长事物的属性，如椿树因其寿命长而被比作父亲，称父亲"椿庭"，椿树更象征老人的长寿；二是谐音取意，如赠赴考书生以糕和粽子，糕粽谐音"高中"，寓意"金榜高中"的美好愿望；三是传说附会，既包括依托客观存在事物的传说，如老年人寿诞时送"寿桃"源于鬼谷子送给孙膑母亲的"寿桃"使其返老还童，更包括依托无中生有的事物的传说，如中国民间吉物中的龙、凤和麒麟，都只是通过各种美好的传说而活在中国人的精神空间里。如果说放大或延长事物的属性和谐音取意还更多地只是停留在吉祥物的物的层面，传说附会则同艺术加工一起，将围绕吉祥物所形成的特有的图案、语言和文化现象等视觉或者声音上的符号发挥得淋漓尽致，吉祥物的艺术加工常见于"绘画篆刻、绣品织物、陶瓷器皿、描金漆器、建筑饰件与日常家具"②等。整体上中国传统的吉祥物更"侧重于民俗文化"③。

在西方，从设计史的发展来看，从西班牙的洞穴壁画，到埃及的古墓穴，从古罗马到古希腊，从文艺复兴一直到大工业革命，都一直有吉祥物的影子，并且一直延续至今。

2. 现代吉祥物

与传统文化吉祥物以动物类、植物类和特定的人为主略有不同，现代吉祥物主要包括动植物类、仿人类和创意类等三种典型代表。如果说传统吉祥物更多地还只是一种文化形态，现代吉祥物则在文化形态的基础上，更多地表现为一种商业形态。现代吉祥物较早被应用于企业、组织等商业品牌之上，此后吉祥物又被应用于大型活动，尤其是奥运会、世博会等重要活动，通过这些大型

---

① 张晶.奥运会吉祥物的价值和文化功能解读.内江科技，2009，29（01）：19-20.
② 周易，陈双根，王志伟，邢秀，海青.基于阴山岩刻的吉祥图元素浅析.大众文艺，2016（02）：59-60.
③ 陈丹丹，阿英嘎，胡玉梅.奥运吉祥物的发展趋势探析.体育研究与教育，2013，28（04）：50-52.

活动，吉祥物发展成为一个国家或城市常设的文化旅游象征。下面就从企业吉祥物、大型活动吉祥物和城市吉祥物三个方面分别分析。

一是企业吉祥物。与传统文化吉祥物有着显著区别，并且不同于大型活动吉祥物和城市文化旅游吉祥物的现代商业吉祥物在19世纪末的美国率先进入大众视野，其中以米其林公司的"轮胎人"比邦多姆在1898年的诞生最具代表。企业吉祥物从诞生发展至今，经历了最初的单独的吉祥物阶段，如今大多发展到了吉祥物融入企业LOGO之中，米其林"轮胎人"比邦多姆即是如此，此外，腾讯"企鹅"、百度"熊掌"、京东"金属狗"、新浪"大眼睛"、携程"海豚"、同程"双鱼"、去哪儿"骆驼"均属此类。更有直接将吉祥物用于企业商标或名称中，如搜狐、天猫、蚂蚁金服和驴妈妈、途牛、马蜂窝等电商企业，而三只松鼠为代表的互联网食品品牌企业更是将拟人化发扬光大。

二是大型活动吉祥物。尽管现代吉祥物更早应用于商业企业，但大型活动吉祥物的文化意义和社会影响使得其更接近于吉祥物的最初起源即传统文化吉祥物，其中奥运会吉祥物最具代表性。诞生于1968年法国格伦诺布冬奥会上的吉祥物和诞生于1972年慕尼黑奥运会的吉祥物等早期的奥运会吉祥物与传统文化吉祥物似有更多关联，与早期的奥运会本身一样，强调其文化意义。1984年，在美国洛杉矶举办的第23届奥运会因为组委会主席彼得·尤伯罗斯（Peter V. Ueberroth）的成功运作，而获利2.5亿美元，结束了奥运会一直赔钱的历史，自此以后，奥运会吉祥物也开始了商业化运作。在中国举办的大型活动中，吉祥物的商业价值获得巨大成功的有2008年北京奥运会吉祥物"福娃"，2010年上海世博会吉祥物"海宝"，2022年北京冬奥会"冰墩墩"的"一墩难求"，但更多的吉祥物则沉寂无名，如在中国举办的历届世博会、世园会，历届城运会，乃至历届金鸡奖等等，其吉祥物为何物甚至都不为人知晓，更别说其商业价值，更有甚者，中央电视台2016年1月21日通过官方微博发布的猴年春晚吉祥物"康康"因为争议过大而并未在春晚出现，以上都说明了在中国，除奥运会之外，应用于大型活动中的吉祥物，其商业价值尚未得到足够重视和有效开发。

三是城市吉祥物。再进一步说到城市吉祥物，就如前文城市口号和宣传语主要是对外的营销为主的且以宣传文化旅游为主要诉求一样，城市吉祥物也以宣传文化旅游为主，城市文化旅游吉祥物，与成功的大型活动宣传中吉祥物

"完全盖过了会徽的风头"[①]不同,在中国城市尤其是文化旅游吉祥物显然不如"旅游标志和旅游口号"[②]受关注。而与旅游标志和旅游口号相比,文化旅游吉祥物因其具象性和非语言的形式更有其独特的功能和优势,旅游产业与整个文化创意产业更容易通过文化旅游吉祥物而建立和强化产业链间的联系,旅游产业可以依靠文化旅游吉祥物实现产业链向外的延伸、衍生,以及与整个文化创意产业的衔接。[③]基于此,未来应当加强城市文化旅游吉祥物的开发力度。

(二)城市吉祥物从具体设计到整体发展

通过以上吉祥物的发展历史和分类梳理,我们看到城市吉祥物的两个重要分支分别为城市所举办的各类大型活动的吉祥物和以推介文化旅游为主的对外营销性质的城市吉祥物。此外,城市吉祥物还包括其内部机构,诸如城市内的高校、城市内的交通设施等的吉祥物,这些机构吉祥物不只体现了这些机构的文化理念,也间接体现所在城市的文化理念。此处主要围绕文化旅游为主的对外营销性质的常规城市吉祥物,探讨其具体设计与整体发展。

说到文化旅游为主的对外营销类的常规城市吉祥物,日本熊本县的城市吉祥物熊本熊是近年来最为成功的案例。熊本熊的成功可以归纳为以下三点:第一,熊本熊的形象设计,除平面形象设计可爱之外,其动作行为也是经过设计的。第二,熊本熊的角色设计真实,是一名公务员,立体,这位"营业部长兼幸福部长"有"工作"成绩,也有小小的"失误"。第三,熊本熊的肖像使用权免费开放。熊本熊的成功案例在具体设计的战术层面和整体发展的战略层面给中国城市吉祥物发展以启发。

1. 设计从静态平面到动态立体

不只是熊本熊,与企业吉祥物从单独发展到融入企业LOGO中再到直接用于企业商标或名称中相伴随的,就是吉祥物设计从静态平面到动态立体,这种战术层面的演进也日益体现在大型活动吉祥物和城市常规吉祥物的设计上。

---

① 刘崇伟,吴栎楠.由吉祥物"鹿鹿"的设计浅谈卡通吉祥物在大型活动中的应用.艺术与设计(理论),2017,2(06):45-47.

② 罗媞.创意经济时代旅游吉祥物功能认知与价值实现探析.资源开发与市场,2013,29(11):1224-1227.

③ 同上。

即吉祥物从诸如"印刷品、户外广告、POP 广告及路牌、车体等"平面"二维媒体",向诸如"气模、真人表演、吉祥物雕塑、吉祥物玩具等"让人可看、可听甚至可以触摸的"三维实体",以及诸如"影视广告、动画片等"让吉祥物鲜活地呈现在银幕上,让消费者充分地感知角色性格和魅力"的"视听媒体"的进化①。虽然单独发展的吉祥物也可以向三维实体和视听媒体发展,但因其"依旧停留在简单地将具体事物或一些特殊符号卡通化、物像化","仅仅便于消费者区分和记忆",而直接用于商标或名称中或者融入 LOGO 中的吉祥物往往更容易将文化理念融入其中②,围绕文化理念制作的三维实体和视听媒体吉祥物不仅是有故事的鲜活的角色,更能与消费者有效互动,引发消费者的情感共鸣。

2. 从设计本身到产业运营

吉祥物在战术设计层面从传统的静态的平面设计,转向动态的立体的设计,吉祥物不再只是符号,而成为有故事的角色,有故事的吉祥物其意义不只是可以和受众进行交流,更在于其角色其故事有更多的产业运营空间。熊本熊因为其肖像使用权免费开放,而被用于更多的商标之中,这还只是针对角色本身的产业运营,而针对吉祥物角色背后的故事,更可有无限的 IP 运营可能。

四、小结:视觉形象发展的问题

城市形象片、城市代言人和城市吉祥物三个部分,放在城市品牌形象和城市品牌的人的范畴来看,都属于视觉形象。而城市品牌视觉形象与行为形象和理念形象的关系是,视觉形象是以行为形象以及更底层的理念形象为基础而呈现出来的。

城市形象片从内容的文化策略、拍摄的叙事策略、传播的创新和扩散三个方面来看存在的问题,进而提出了内容从城市元素的简单拼接到体现内外认同的城市文化的整体性,拍摄从模式化到融入内外视角的城市叙事的创新性,传播从各届政府"各自为政"以及主流权威媒体为主到主题延续性,以及适应新

---

① 孙进.论吉祥物在企业 VI 战略中的地位及设计的原则.包装工程,2011,32(06):103-105+131.
② 马伊茗.吉祥物对于企业品牌建设的意义探析.中国市场,2017(26):109-110+121.

媒体和社会化营销环境的创新和扩散的解决对策。

城市代言人部分对名人代言人、草根代言人和虚拟代言人三种类型城市代言人的优劣势进行对比。城市选择名人代言人从外部名人到内部名人，并从娱乐明星、运动员更多地扩展至专家、企业家，尤其是政治家；城市选择草根代言人更多选择草根其工作贡献能够体现城市文化的，或者其个性特点和城市精神相吻合的，诸如出租车司机、公交车司乘人员以及文明市民、见义勇为市民等，城市虚拟代言人一方面是拟人化和人格化的城市吉祥物，一方面是文艺作品尤其是文学作品中的人物等。

城市吉祥物，尤其是各类大型活动吉祥物与以宣传文化旅游为主的对外营销性质的常规城市吉祥物，其具体的战术设计层面从传统的静态的平面设计转向动态的立体的设计，并且因为动态立体的设计而有了更多的产业运营空间，而针对吉祥物角色背后的故事，更可有无限的 IP 运营可能。

以上城市形象片、城市代言人和城市吉祥物的发展方向，都体现了城市的品牌形象不再只是停留在视觉形象层面，而要深入发展到支撑视觉形象背后的城市品牌行为形象和理念形象层面。所以，城市品牌形象的打造在经历了视觉形象为主的发展阶段之后，必然转向行为形象和理念形象为主的新的发展阶段。

第二节 城市品牌形象人设化的发展必然与建议

城市形象片、城市代言人和城市吉祥物等城市品牌形象的视觉形象在传统媒体环境下获得了较快较好的发展，而城市品牌行为形象和理念形象不如视觉形象发展得早发展得快，一定程度上也是受制于传统媒体的单向传播和相对静态的特性。新媒体和社会化营销的兴起，动态和互动既为视觉形象的发展提供了更多可能，更使得城市品牌行为形象和理念形象的传播成为可能，而且城市品牌行为形象特别是城市人性化治理，以及城市品牌理念形象特别是城市人格化的性质和特征，更有助于形成城市围绕人的社会方面进行的品牌人设化打造的发展路径。

城市品牌标识网红化发展的空间层面上从点线面到体，时间层面上白天加夜晚和节假日到平日、淡季也变旺季，感知层面上从单向塑造视觉信息到互动塑造和传播视觉、听觉、嗅觉、触觉、味觉等信息的系统，同样适用于城市品牌形象即城市围绕人的社会方面的品牌人设化的发展。也就是说，城市从政府和管理者到市民和居民，所有人的行为形象和理念形象以及在此基础上的城市人设化的设立，都可以围绕以上几个层面全方位展开。

城市品牌的行为形象，本节集中于城市政府和管理者的行为形象，即城市的社会治理方面。在中国，党的十九大报告指出，中国城市的社会治理尤其是基层社会治理，要以共建共治共享作为社会治理格局建设的目标，这也是城市基层社会治理体系构建的创新要求，构建共建共治共享的城市基层社会治理体系，在实践过程中应当不断提高城市基层社会治理的社会化、法治化、智能化、专业化水平。加强和创新社会治理，关键在体制创新，核心是人。城市社会治理的共建共治共享和社会化、法治化、智能化、专业化，其关键都指向城市社会治理的人性化。城市社会治理需要加强人口服务管理，更多运用市场化、法治化手段，促进人口有序流动，控制人口总量，优化人口结构。所以本节仅以近几年频繁上演的城市抢人大战和备受误读的所谓城市清理低端产业人口争议为例，来分析城市人性化社会治理。

城市品牌的理念形象，此处探讨集中于城市市民和居民自下而上形成的城市理念形象，即城市自下而上形成的性质和特征方面。说到城市的性质和特征，多是自上而下的，即一要表现城市的宏观区位意义，二要反映城市的最主要的职能，三要体现城市的动态发展。① 根据以上标准，中国的城市性质大体有以下几类：一是包括直辖市为主的全国性的中心城市、省会或自治区首府等为主的地区性的中心城市；二是包括多种工业的城市和诸如石油化工、森林工业、矿业、钢铁工业等单一工业为主的城市在内的工业城市；三是包括铁路枢纽城市、海港城市、内河港埠城市和水陆交通枢纽城市在内的交通港口城市；四是包括革命纪念性城市，风景游览、休疗养为主的城市，边防城市，经济特区城市等在内的特殊职能的城市；再就是数量最多的县城。但是，以上自上而下的城市性质和特征分类，只是把城市看作一个客观的无生命的物，而事实

---

① 曹型荣，高毅存．城市规划实用指南．北京：机械工业出版社，2009．

上，城市因为其政治、经济、社会、地理、自然等方面的不同，再因为生活于其中的市民和居民以及与之相关的人，会形成其特有的城市文化和城市精神。城市文化以及城市气质、城市个性等城市文化的具体体现，不属于本部分城市的社会方面的品牌，本部分暂不讨论。而城市精神尤其是城市性格这一城市精神的具体体现，是抽象自个人又不特指某个人的城市市民和居民的行为和心理活动的共同特性，是城市市民和居民集体行为和心理模式缩影[①]。如果说城市抢人大战和备受误读的所谓城市清理低端产业人口争议，其与社会治理之间的关系是直接显性的，那么城市性格，因为一定程度上就是城市中的市民和居民的具体的性格的抽象化，所以其与社会治理的关系是间接隐性的。当然，以城市性格为篇名或关键词的研究较少，但是城市性格常常以地域刻板印象甚至地域歧视的形式而被关注。下面笔者仅以既具体又抽象的城市性格和地域刻板印象甚至地域歧视为例，来分析城市性质和特征的人格化。

下文以城市抢人大战和所谓城市清理低端产业人口争议中涉及到的城市人性化社会治理为例，来分析城市政府和管理者为主的行为形象；再以城市性格和地域刻板印象中所涉及到的城市人格化的性质和特征为例，来分析城市市民和居民为主的理念形象。其中，城市抢人大战和所谓城市清理低端产业人口争议部分，更多地是将其作为城市行为形象加以分析，虽然其背后也有城市理念形象支撑；而城市性格和地域刻板印象部分，更多地是将其作为城市理念形象加以分析，虽然其前台也有城市行为形象呈现。

一、以人性化治理赢得抢人大战和保障低端产业人口尊严

城市社会治理的共建共治共享和社会化、法治化、智能化、专业化，其关键都指向城市社会治理的人性化。人口服务管理又是城市社会治理的重要一环。下面就以近几年频繁上演的城市抢人大战和备受误读的所谓城市清理低端产业人口争议为例，来分析城市社会治理的人性化。

---

① 韦文英，戴俊骋.城市性格与城市品牌发展.城市与减灾，2014（03）：34-37.

（一）抢人大战与清理低端产业人口争议

城市社会治理中与人口相关的内容，近几年频繁上演的城市抢人大战和备受误读的所谓城市清理低端产业人口争议最具代表性。

1. 城市抢人大战

2016年3月，中共中央印发了《关于深化人才发展体制机制改革的意见》，随后，全国各地积极响应，相继出台了一系列人才新政，开启了时至今日依然不绝的城市抢人大战。2017年开始，武汉、西安、长沙、成都、郑州、济南等所谓的二线城市先后入局抢人大战。此后，深圳、广州、北京、上海等所谓的一线城市，以及大量所谓的三四线城市也相继加入。2018年，海南、四川、江西、山东、吉林、云南等更是以省为单位先后加入，使得抢人大战更加激烈。事实上，改革开放后，中国各城市已先后经历了几轮抢人大战，离这一轮最近的是2010年第二次全国人才工作会议之后的抢人大战，但2017年至今的抢人大战因参与城市最多，参与城市等级全覆盖，同时人才引进门槛多元而引起了最为广泛的关注。

2. 城市清理低端产业人口争议

与城市抢人大战相对应的是，2010年左右一直延续至今的备受误读的所谓城市清理低端产业人口争议。与抢人大战参与城市等级全覆盖不同的是，清理低端产业人口的争议则主要在超大城市展开。2011年1月，北京市通州区政协第四届委员会第五次会议上工商联界提案《鼓励和引导低端产业有序退出，促进我区产业优化调整》提出，通州要建设北京现代化国际新城，必须加快产业结构调整的步伐，促进产业升级换代，在大力引进和吸纳高端服务业的同时要鼓励和引导高污染、高耗能、高耗水等"三高"产业以及批发、零售、餐饮等低附加值低的低端产业有序退出。2013年12月，北京市人代会前人大代表在与"一府两院"负责同志座谈上，市政府表示，产业从低端到高端，是破解人口、资源环境问题的重要举措；北京市人大代表建议，北京应该围绕服务、职能定位，控制和疏解人口，提高低端产业的门槛，制定北京产业的负面清单，禁止其进入北京。自此，清理低端产业再到清理低端产业人口直接被误读为清理"低端人口"而一直饱受争议。

(二)城市不仅抢人才而且抢人口的原因

城市抢人大战的原因主要分为经济发展、社会发展和城市发展三方面,三方面原因之下,城市抢人大战不只是抢人才而且是抢人口,因此,所谓的城市清理低端产业以及低端产业人口既无必要也不成立。

1. 经济发展要求城市抢的是各层次人才

城市参与抢人大战,经济原因主要在于,经济转型的当下,中国经济已由高速增长转向高质量增长,过于依靠原材料、土地、资金等要素拉动的粗放式经济发展模式必须转向创新驱动,而创新驱动实质上是人才驱动。此次城市抢人大战,除北京、上海等一线城市仍停留在过去"掐尖"似地吸纳国内外"高端人才"外,二线为主的城市除吸纳高端人才也吸纳"一般性人才",不仅吸纳"创业领军型人才"也吸纳"优质劳动力人才",而三四线为主的城市不仅吸纳"专业知识人才",也吸纳"专业技术人才"[1]。

2. 社会发展要求城市抢的是所有年轻人

城市参与抢人大战,社会原因主要在于,中国经济此前四十年的发展,一定程度上得益于供给充足、价格低廉的劳动力格局所带来的人口红利,当下,随着社会转型,人们观念的改变,生育率大幅度下降,人口红利正在消失,老龄化问题日益严重,改善人口结构成了中国社会发展的需要。此次城市抢人大战,吸纳一般性人才、优质劳动力人才、专业知识人才,以及专业技术人才,一定程度上反映了城市抢的是所有年轻人。

3. 城市发展要求城市抢的是所有的人口

城市参与抢人大战,城市原因主要在于,近年来,中国城市建设加快,城市定位与规划都对人口增长速度提出了要求,但是在东中部一二线城市规模不断扩大的同时,西北部却出现了收缩城市。城市不仅需要人才促进经济发展,

---

[1] 耿强. 从城市定位与竞争战略看"抢人大战". 人民论坛,2018(15):12-14.

不仅需要年轻人改善人口结构，城市也需要更多的人口带动消费，搞活内需，而城市内增加的人口消费和内需，会进一步带动对服务业需求的增加，如此循环才能进而促进城市经济发展而吸纳到人才，改善人口结构而吸纳到年轻人。所以，此次城市抢人大战，不只抢各层次人才，不只抢年轻人，而要抢所有的人口。

（三）引来的人因人性化而留得下发展好

城市抢人大战，可以分浅层次的行政性手段为主的短期行为、中层次的产业匹配为主的中期行为和深层次的社会治理人性化为主的长期行为。

1. 以人性化留下引来的人

目前，各城市所采取的多是放宽落户条件、提供购房优惠，以及直接的资金支持为主的行政性手段，这种浅层次的行政性手段可能造成引来的人留不住的情况，最为明显的就是部分城市在抢人大战中出现了"买房炒房"与"户口空挂"等隐患问题。

为了留住引来的人，必须提高城市产业与引来的人的契合度。政府和管理者应当根据城市自身的条件和当地的产业基础或新兴产业政策，做好城市的发展规划和定位，围绕城市的产业战略和规划制定人才引进政策，提高人才引进的针对性，形成相关人才聚集，实现人才发展与城市建设的双赢互动。如深圳市针对信息技术产业，南京市针对建筑业，分别出台了不同层次不同岗位的多元配套政策[①]。

2. 人性化让城市人口发展好

行政性手段甚至较难留人，产业性手段可以留人一时，要想留人一世，城市政府和管理者必须提供人性化的社会治理。一方面，城市的人性化社会治理既要针对新来人口，也要针对城市原有市民和居民。首先，城市需要以人性化的社会治理来为其原有市民和居民服务，一座连原有市民和居民都不满意的城市，很难吸引到外来人才。其次，随着人才新政大量涌入城市的新增人口，必

---

① 刘旭阳，金牛.城市"抢人大战"政策再定位——聚焦青年流动人才的分析.中国青年研究，2019（09）：47-53.

然会对城市的社会治理带来新的压力和挑战，因此也需要城市随之加大投入，提供充足的、高质量的教育、医疗、社会保障等公共服务，全国文明城市的申报条件系统涵盖了以上诸方面，另外，城市人才引进政策其背后是引来大量人才，这就需要引才政策与"人才的消费资料的需求相契合"①，城市必须有活跃的市场供给。另一方面，城市的人性化社会治理既要针对各层次人才，也要针对城市所有的人口，这其中自然包括所谓的低端产业人口。即，城市要有"人口生态观"②。

近年来各地兴起的网红菜市场，虽然其是城市品牌标识网红化的表现形式之一，但其背后更体现了城市的人性化社会治理以及城市的人口生态观。一是网红菜市场作为菜市场满足了城市市民和居民的民生需求；二是网红菜市场作为网红满足了高层次人才更为珍视的品质需求；三是网红菜市场中的商贩、菜农不再是被城市清理的低端产业人口，而成为融入城市市民生活，与高层次人才互动共生的有尊严的一分子，他们是不可或缺的。以此类推，批发、零售、餐饮等不再被简单归为低端产业，甚至其附加值也可以很高。

所以，人性化的社会治理，既可以帮助城市赢得抢人大战，也可以保障城市低端产业人口获得该有的尊严。

二、以人格化塑造城市性格和防止地域刻板印象的形成

如前文所言，城市社会治理的人性化，更多地强调城市政府和管理者在城市品牌形象的人设化设定过程中的作用，而城市性质和特征的人格化，则更多需要自下而上的全民参与。

（一）城市性格与地域刻板印象

城市性质和特征的人格化，以具体体现城市精神的城市特征最具代表性。虽然以城市性格为篇名或关键词的研究较少，但是城市性格常常以地域刻板印象甚至地域歧视的形式而被关注。

---

① 张克克. 当前城市人才引进政策的政治经济学分析. 现代管理科学，2019（02）：112-114.
② 提升城市竞争力要有人口生态观. 理论与当代，2018（12）：58.

1. 城市性格

在牛晓彦编著的《中国城市性格：中国最具性格魅力的20大城市》一书中，作者首先将中国的城市以南北为标准进行了性别划分，即南方的城市多半是"女性"的，北方的城市则多半是"男性"的，然后再具体分析大气的北京、奢华的上海、欲望的深圳、幽默的天津、火爆的重庆、伤感的南京、悠闲的成都、古朴的西安、灰色的太原、最富激情的哈尔滨等城市时，作者又具体分析了这些城市里的男人和女人的与城市性格一脉相承的人的性格[①]；而在郭俊著的《中国城市人性格地图》一书中，作者直接分析了中国有代表性的城市的人的性格，如，皇城情结孕育的北京人、没事偷着乐的天津人、野蛮而温柔的重庆人、外冷内热的哈尔滨人、为足球痴狂的大连人、实干与冒险性格并存的香港人、传统与宽容相融的澳门人、礼貌而精明的台北人等等[②]，以此昭示城市的性格。

前文说到，与城市性格一词常常一起被提起的有城市气质，城市性格与城市气质的区别，一方面在于城市性格是城市精神的具体体现，城市气质则是城市文化的具体体现，所以，城市性格与城市的社会方面关联较大，城市气质与城市的文化方面关联较大，以上两本书中城市性格的研究往往与人，尤其是城市市民和居民的性格研究难解难分，这正体现了城市性格与城市社会方面的较大关联。城市性格与城市气质的区别的另一方面在于从词源本义来看，性格是动态的发展的，气质是相对静态的稳定的，而以上两本书中城市性格的研究，却未能体现出动态和发展，甚至，有些静态的描述是基于对部分城市的刻板印象。

2. 地域刻板印象甚至地域歧视

地域刻板印象是不能以动态的发展的眼光看待城市的历史、现在和未来，仅有极小一部分的地域刻板印象是对城市的美化或不置褒贬的误读或是无伤大雅的玩笑，如，山东人都很仗义能喝酒，江浙人满街是土豪，重庆遍地是美女，内蒙古人多擅长骑马，湖南人都能吃辣，四川人都爱打麻将，福建人说不好普通话等等；大多数地域刻板印象积累到一定程度就会发展成地域歧视，

---

① 牛晓彦.中国城市性格：中国最具性格魅力的20大城市.北京：中国物资出版社，2005.
② 郭俊.中国城市人性格地图.沈阳：万卷出版公司，2006.

如，上海人从精明到小气，北京人从大气到大爷，而2000年左右遭受地域歧视最为严重的是河南省和河南人，近年遭受地域歧视最为严重的则是东北地区和东北人。

地域歧视是发展为错误倾向的地域刻板印象，最为基础的地理环境的差异，以及在地理环境差异基础上形成的各地经济发展以及受经济发展影响的社会习俗和生活习惯的差异等是地域歧视的客观根源。但是有了以上客观的根源，并不必然产生地域歧视，形成地域歧视还在于一些主观方面的原因。

（二）形成地域歧视的主观原因

形成地域歧视的主观原因主要有传统媒体的传播资源有限和议程设置要求的环境特点，以及一般受众的以偏概全和从众的非理性的认知心理特征，当然，遭受地域歧视的弱势地域的城市政府和管理者主导的宣传模式的不足也使得这一趋势较难扭转。

1. 传统媒体的传播资源有限和议程设置要求

一方面，传统媒体环境下，媒体渠道等传播资源主要集中于少数媒体，传播资源有限；另一方面，媒体因为议程设置的要求，往往更多关注与城市有关的问题的报道。以上两点导致传统媒体对于能够更全面反映城市性格的城市市民和居民的全貌关注较少，因而受众接触的多是以点带面、以偏概全的关于城市性格的信息。

尤其是2000年左右，有些媒体在报道团伙犯罪活动时，常常以部分犯罪分子的籍贯给犯罪团伙冠以"××帮"[①]，甚至直接将其作为标题并放大，事实上，团伙犯罪活动很多是以熟人为纽带编织关系网的，所以来源于同一城市或地区甚至国家的人结伙犯罪本身不足为奇，但是如果媒体以"××帮"作为报道焦点，很容易对受众产生误导。当然，媒体的这种报道也许也是受到现实生活中公安机关等部门的工作习惯的影响，如2005年就曾发生过深圳市龙岗区警方悬挂歧视河南人的宣传横幅而引发巨大争议的事件。

---

① 李自然. 不宜冠籍贯简称"××帮". 新闻战线，2001（08）：59.

2. 受众的以偏概全和从众的非理性的认知心理

一方面，传统媒体的有限的传播资源和议程设置的要求，使得受众通过媒体接触的多是以点带面、以偏概全的关于城市性格的信息。另一方面，河南人和东北人之所以成为地域歧视的靶子，也与其中外出务工人口数量较大而按概率其中的让人产生负面印象的人数也同比例增多有关。以上两者分别使一般受众较难避免的通过媒体和通过现实的表象而出现以偏概全的认知。

另外，即便通过媒体和通过现实接触到以点带面和以偏概全的城市性格信息的受众人数起初较少，但是因为这些少数受众往往是某种意义上的意见领袖，就使得余下的大多数受众置身于一种场域之中，这个场域会产生沉默的螺旋效应，使得余下的大多数受众倾向于选择一种从众的非理性的认知心理。如此循环往复，地域歧视不仅形成而且扩散和加重。

3. 弱势地域的城市政府和管理者主导的宣传模式的不足

前文提到，河南人和东北人之所以能够成为地域歧视的靶子，与两地外出务工人口数量较大而按概率其中的让人产生负面印象的人数也同比例增多有关，而一般受众之所以产生以偏概全和从众的非理性的认知心理，也是因为除一些意见领袖外，余下的大多数受众全面接触其他城市的市民和居民的机会有限，有时候也只是有机会接触到弱势地域的政府和管理者主导的宣传。

弱势地域的城市政府和管理者主导的宣传模式对于解决地域歧视而言存在一定的不足，以备受地域歧视困扰的河南省和河南人为例，2000年开始至今，河南省高层一直在为力图扭转河南形象方面做了很多努力，这些努力也取得了较好的成绩，但是其中也存在两点不足。一是政府和管理者主导的深层次的工作较难被大众看得见。如河南省于2002年开展了经济环境整治专项行动，这些工作确实极大地改善了河南省的营商环境，但是其效果是深层次的而且是潜移默化的，较难被大众看得见。二是政府和管理者主导的宣传以"高大上"和"伟光正"的内容为主，较难在受众中产生共鸣。如2004年底河南省广电部门发掘了一批河南人英勇救人等先进事迹，这些事迹也确实能在一段时间内感动中国，但是，城市性格正如人的性格一样是多维度的，它不能总是"高大上"和"伟光正"的，它也应当能够润物无声地渗透在生活的点滴中，这样才能在受众中产生强烈的共鸣。

(三）塑造正面城市性格的对策

随着中国经济的发展，不同城市之间基于基础的地理环境的差异形成的经济发展的差异正在不断缩小，形成地域歧视的客观原因正在不断消除。但是由于惯性，传统媒体的环境的传播资源有限和议程设置要求的特点，以及一般受众的以偏概全和从众的非理性的认知心理特征所形成的地域歧视现象依然存在，面对当下的新媒体和社会化营销环境，面对当下的更加频繁的人口流动，地域歧视中的弱势地域一方面可以通过全民参与自下而上的新媒体传播方式，另一方面可以通过招徕更多受众来本地旅游和亲身感受的方式，扭转地域被歧视的现状。而更多的城市可以通过以上两种方式，防止形成新的地域歧视。最终，各个城市塑造出自己城市的正面城市性格。

1. 全民参与自下而上的新媒体传播方式

前文提到的两大地域歧视弱势地域之一的河南省通过政府和管理者主导的模式力图扭转河南形象方面的努力取得了一定的成绩，而另一大地域歧视弱势地域东北，一定程度上因为东北涵盖黑龙江、吉林、辽宁三省以及内蒙古自治区的部分地区，因而尚未出现多地形成合力的政府和管理者主导的应对之举，不过，不同于河南省的政府和管理者主导，东北在全民参与自下而上的新媒体传播方式上却始终有自己独特的表现。

早在传统互联网 Web2.0 时代，就有《东北人都是活雷锋》开启了东北全民参与自下而上的新媒体传播。1999 年，音乐人雪村参加新浪网和 MTV-CHINA 组织的音乐创作活动并上传了《东北人都是活雷锋》的 MP3 到这两个网站上，结果这首歌曲借助 BBS 和大型网站开始逐步在网络中受到追捧，并引起了为其创作 flash 动画的热潮，随着这首歌曲一起深入人心的自然也有歌词中简单勾勒出的"东北人都是活雷锋"的东北的城市性格。

不过，较之于政府和管理者主导的宣传模式，全民参与自下而上的新媒体传播方式因缺少引导也会出现偏差。2015 年左右，在以快手为代表的各大短视频平台上，大量东北主播活跃其中，这虽然与东北人具有一定的幽默感和表演天赋不无关系，但是因为当时短视频平台的管理尚不规范，很多主播为了博取眼球，其表演中充斥着大量庸俗、低俗、媚俗的三俗内容，以致于网络上甚至出现过一个热词,"东快傻",即"玩快手的东北人是一帮快乐的傻子"。不过,随着短视频平台的逐渐规范,这种现象也日益减少。当然,也正因为庸俗、低俗、媚俗的内容很容易扭曲地传播城市性格,所以走出喜剧表演艺术家赵本山的铁岭市,虽然赵本山的名气曾一度带动当地很多景区的发展,但是在城市政府和管理者主导的城市品牌打造和城市性格塑造时,仍然始终与赵本山及其表演中的民俗、世俗、通俗的内容保持着一定的距离。

前文提到,城市性格正如人的性格一样是多维度的,它不能总是"高大上"和"伟光正"的,它也应当能够润物无声地渗透在生活的点滴中,这样才能在受众中产生强烈的共鸣。从这个角度看,不只是民俗、世俗、通俗的内容,甚至反映当地落后的内容,只要是真实和真诚的,也可以成为塑造城市性格的一部分,在受众中产生共鸣后,引起受众的关注和喜爱。

近年来,一边继续沿着以上从庸俗、低俗、媚俗到民俗、世俗、通俗的内容演进轨迹发展,快手上新涌现出来的"老四",以其拍摄符合网友对东北人认知的酒桌故事而被誉为东北民间哲学家而走红,赵本山及电视剧《乡村爱情》中的主要角色和故事,范伟及其在电视剧《马大帅》中的角色故事,都在国内领先的年轻人文化社区 B 站被重新剪辑,董宝石更是以一首《野狼 disco》让"你的老舅"和"东北蒸汽波"红遍大江南北;另一边,双雪涛、班宇、贾行家和郑执等东北青年作家受到了文学界和大众的关注,再加上电影界的耿军、张猛、李想、王兵等人,东北作为一个叙述对象,成为这几年文化领域的热门话题。从下里巴人到阳春白雪,20 世纪 90 年代下岗潮引发的自嘲精神和娱乐生活的东北城市性格被越来越多人关注和喜爱。

但是,在中国近现代史上,东北不只是 20 世纪 90 年代以来的这个表面的东北,满清崛起于东北,闯关东将中原与东北紧密联结在一起,抗战中的东北有更多的故事,更遑论新中国成立后重工业基地的辉煌,东北的城市性格,还有很多可以挖掘和塑造。这就需要政府和管理者在适当引导,但是更要积极鼓励全民参与的自下而上的新媒体传播城市性格的同时,更多发力在旅游营销方面,通过由外到内招徕旅游让外来游客亲身感受城市更深厚的城市性格。

2. 由外到内招徕旅游进而亲身感受的方式

一方面,一般受众之所以会存在形成地域歧视的以偏概全和从众的非理性的认知心理特征，大多是因为大多受众并没有机会去到其所歧视的地域去亲身感受；另一方面，不只是城市品牌标识历史发展中的从市徽到开放发展的LOGO的城市标志，包括正称和别称的城市名称，城市营销口号和宣传语等方面都特别注重城市的旅游方面，城市品牌形象历史发展中的城市形象片、城市代言人和城市吉祥物也特别注重城市的旅游方面，新媒体和社会化营销环境下的网红化发展的城市夜晚品牌标识的灯光多种模式和城市听觉品牌标识的声音深化发展，也大多绕不开城市旅游，如城市夜晚品牌标识的灯光中的夜市、城市夜游、城市灯光秀、实景演出、景观灯光秀、灯光节等模式，城市听觉品牌标识的声音中的从市歌到无市歌之名有市歌之实的歌曲到超越单独歌曲的音乐，再从声景到超越单独声景的声境，无一不和城市旅游有着紧密的关系。

所以，城市在以人格化塑造城市性格和防止地域刻板印象形成的过程中，在全民参与自下而上的新媒体传播方式之外，还要加大由外到内招徕旅游进而亲身感受的方式。

三、小结：城市品牌形象发展的问题

城市品牌形象的设定在经历了传统媒体环境下的城市形象片、城市代言人和城市吉祥物等视觉为主的品牌形象的率先发展之后，已经开始转向新媒体和社会化营销环境下的城市行为形象和理念形象的人设化设定。但是，目前的城市品牌形象人设化设定，基本还是以城市社会发展为目标的，这就存在一定的局限性，而对这一问题的解决，还要回到品牌概念内涵框架下。城市品牌形象不仅应当以城市品牌标识的城市经济发展为基础，城市品牌形象更应当进一步向城市品牌关系的城市文化方面深化发展。

第四章
活动营销回顾到城市品牌关系 IP 化建议

通过前文以品牌的内涵和外延为框架对城市品牌的梳理，城市品牌关系即城市品牌的事的范畴，早期多以节庆、会展、赛事等城市活动为主，而近年来的新媒体和社会化营销环境下，受众尤其是外来投资者、迁入者、旅游者、商务访问者等外部受众和城市的关系不再局限于专门的活动，临时、随时发生的城市事件，日常发生的城市故事，都可以形成城市与受众尤其是外部受众之间的连接，而城市活动，特别是城市事件和城市故事串联在一起就有望形成彰显城市文化的城市IP。

以上城市品牌关系营销中提到了活动营销、事件营销和故事营销，其中的活动营销和事件营销的英文都是"Event Marketing"，这就导致二者极易混淆，而二者的区别不只体现在中文表述上，更体现在实际操作中。从城市品牌活动营销多以节庆、会展、赛事等为主可以看出，活动营销首先是有计划有准备的，其操作是专业的系统的，其时间、规模是预设的，其成本、风险是可控的，其传播是整合的，其影响也是全面的，并且城市的活动营销多为大型活动营销。城市事件营销则包括临时的、随时的对于各类危机事件的处理甚至借势营销。对于危机事件的处理，其操作必须专业，否则风险便不可控；其传播必须系统，否则其负面影响就会全面扩散。专业系统的危机事件处理有时甚至可以转危为机而借势营销。简而言之，活动营销是"Planned Event Marketing"，是"造事且造势"，事件营销是"Crisis Event Marketing"，是"借事而造势"，也可理解为事件营销是活动营销的一种特殊形式。

下文就先对城市节庆活动、城市会展活动和城市赛事活动等早期的城市品牌关系中的城市活动发展的历史进行回顾，总结其中的问题，推导出在当前发展过程中，城市品牌关系以临时、随时发生的城市事件，日常发生的城市故事为主打造城市IP的必然性，验证前文城市品牌塑造模型中城市品牌关系从活动营销为主到事件营销和故事营销为主的IP化的假设的合理性，并提出城市品牌关系进一步IP化的建议。

第一节　城市活动营销的历史回顾和主要问题

自 20 世纪改革开放后 80 年代开始，中国各城市在着力于城市品牌象征性标识的评选和设计的同时或者稍晚些时候，借鉴西方国家实践，开始了节庆为主的城市活动的举办。20 世纪 90 年代后期尤其是 2000 年之后，随着社会经济的发展和基础设施的完善，各城市尤其是大中城市又纷纷将举办活动的重心从节庆转移到会展上来。2001 年北京申奥成功到 2008 年北京奥运会的成功举办，又为各城市尤其是大中城市树立了申办体育赛事的新目标。在中国，城市活动大致是按照时间先后顺序从节庆到会展再到赛事逐步展开的，但是，虽然节庆、会展和赛事有时会单独举办，但更多时候三者是同步举办、融为一体的。为方便展开讨论，下文还是从节庆、会展和赛事不同的侧重分别进行分析。

一、城市节庆：发展阶段划分及多维与综合的发展

节庆，即"节日庆典"的简称，与之对应的，西方常常把节日和特殊事件作为一个整体一起探讨，即 Festival & Special Event，简称 PSE，中文将其译为"节事"[1]。因本章不仅将节庆、会展和赛事分别进行分析，而且将活动营销和事件营销也作了明确区分，为避免"节事"中的"事"与赛事中的"事"或事件中的"事"产生混淆，所以笔者统一采用节庆活动的说法。

（一）节庆活动的发展阶段划分

在中国，节庆按照时间发展大致分为古代传统节日，包括汉族和少数民族共同或各自的原始崇拜、宗教祭祀类节日，历法节气、农业生产类节日等；近现代政治性或公益性纪念日，如国庆节或消费者权益保护日等；当代尤其是改

---

[1] 柴寿升.我国城市节庆经济的发展研究.求实，2005（S2）：113-114.

革开放后从国外引进来的节日,如圣诞节、情人节等;以及当代尤其是改革开放后的新创节日。以上四类节庆,只有第四类节日在其诞生之初就和节庆经济存在着必然联系。前三类节日,尤其是第二类近现代政治性或公益性纪念日本身与节庆经济几无关联,但是随着社会经济的发展,第二类节日也开始和假日经济与商业促销之间产生了关联。第三类当代尤其是改革开放后从国外引进来的节日,其在被引进之初,就和经济、商业之间产生了关联。第二类和第三类节庆虽然也和经济、商业之间建立了一定的关联,但与本章所要论述的节庆经济仍有较大区别,所以下面笔者在梳理中国节庆经济的发展时,首先是从第一类说起,然后重点落在第四类上面。

结合中国改革开放后节庆活动发展的实际情况,同时检索中国知网,中国节庆活动的发展大致经历了以下几个阶段。

1. 改革开放初期至 1982 年的传统节日恢复阶段

中国知网上最早的有关节庆的研究始于 1982 年,但当时还只是将节庆作为一种文化现象予以研究,还停留在民俗学范畴。

2. 1983 年至 1992 年的新创节庆开创阶段

这一阶段节庆开始跳脱出原有的民俗学范畴的传统节日,节庆活动开始被放在改革开放的语境下予以讨论,在强调"政治"视角、"意识形态"视角和"文化"视角看节庆活动的同时,开始强调"经济"视角看节庆活动[1]。从经济视角看节庆活动,节庆活动首先就被赋予了"文化搭台,经贸唱戏"的目标,在具体实践中又进一步演化为"旅游搭台,经贸唱戏"的目标。在这种背景下,出现了一大批新创节庆,并且这些节庆更多地被作为城市活动营销的一个重要组成部分,或者直接作为一种经济形式而被实践和研究。其中,1983 年河南省洛阳市创办的洛阳牡丹花会,1984 年山东省潍坊市创办的潍坊国际风筝节,1985 年黑龙江省哈尔滨市创办的哈尔滨冰灯节,以及 1991 年山东省青岛市创办的青岛国际啤酒节最为成功,并且在改名升级或入选国家级非物质文化遗产之后,各自热度一直持续至今。

---

[1] 黄泽存. 论新时期的节庆与节庆现象. 民俗研究,1993(02):28-35.

3. 1993年至2002年的新创节庆调整阶段

一方面，第二阶段虽然出现了洛阳牡丹花会、潍坊国际风筝节、哈尔滨冰灯节和青岛国际啤酒节等较为成功的新创节庆活动，但当时进行"文化搭台"或"旅游搭台"的仍然主要是政府行政主管部门，其支出也仍然主要依赖于地方财政，由于以上成功节庆活动的影响，全国各城市纷纷行动起来大办节庆，短时间内大量主题雷同、缺乏特色的节庆活动出现，加之组织管理的不完善，导致节庆活动的营销效果和经济效益大打折扣。另一方面，如前文所言，20世纪90年代后期尤其是2000年之后，随着社会经济的发展和基础设施的完善，各城市尤其是大中城市又纷纷将举办活动的重心从节庆转移到会展上来，这也导致了节庆活动出现了调整。再者，1999年，随着国务院发布《全国年节及纪念日放假办法》后"黄金周"概念的兴起，中国旅游业获得了飞速发展，节庆活动的市场化开始越来越多地被讨论。这一阶段出现了许多围绕旅游但并没有特定主题的旅游节、文化节、欢乐节等。

4. 2000年开始特别是2003年至今的新创节庆多元化阶段

1983年至1992年开创阶段的新创节庆还主要从城市文化或旅游资源中寻找主题，1993年至2002年调整阶段的新创节庆开始出现了确定主题的盲目性，2003年至今的城市新创节庆开始多元化发展，这其中主要包括音乐节、艺术节、灯光节、戏剧节、动漫节、游戏节等艺术主题的入侵。2000年特别是2003年之后中国城市音乐节、艺术节、灯光节、戏剧节、动漫节、游戏节等艺术主题节庆活动的大规模举办，与全球范围内尤其是西方国家在20世纪80年代以来艺术节层出不穷是一脉相承的。对于艺术节在全球范围风靡的原因，西方学者普遍认为是城市"转型"与城市"复兴"[1]。艺术主题节庆活动不只是为城市带来资金投入等方面的直接收益，以及与节庆活动相关的主要是旅游收入的间接收益，更主要的是艺术主题节庆活动可以为举办城市带来无形包括经济结构调整和产业结构升级等方面的诱发性（induced）收益[2]。多元发展的节

---

[1] 周正兵. 艺术节与城市——西方艺术节的理论与实践. 经济地理，2010，30（01）：59-63+74.
[2] Heaney Joo-Gim, Heaney Michael F. Using Economic Impact Analysis for Arts Management: An Empirical Application Music Institute in USA. International Journal of Nonprofit and Voluntary Sector Marketing, 2003, 8（03）：251.

庆活动确实能够在一定程度上助力城市转型和城市复兴，但各城市仍需结合自身特色，避免节庆活动的主题雷同。

（二）节庆活动的多维与综合发展

经过以上四个阶段，尤其是后三个阶段，新创节庆的开创、调整和多元化阶段后，中国当下的节庆活动数量众多。新创节庆活动的大发展使得其形成了不同维度的分化，同时，新创活动的大发展也呈现出了更加综合的趋势。

1. 节庆活动的多维发展

节庆活动的多维包括文化与自然、传统与现代、旅游与产业等维度，当然，这些不同维度的分型彼此之间也有交叉。一是偏文化类的节庆和偏自然类的节庆。由于受改革开放初期至1982年的传统节日恢复阶段的影响，早期许多中国城市倾向于挖掘历史文化来新创节庆，前文提到的潍坊国际风筝节，正是因为潍坊又名"鸢都"，风筝作为当地手工业特产至今已有两千多年的历史，此外还有如始创于1989年的曲阜国际孔子文化节，始创于1990年的安阳国际殷商文化节，始创于2005年的天水伏羲文化旅游节等等。而前文提到的洛阳牡丹花会和哈尔滨冰灯节等则属于偏自然类的节庆，此外还有西瓜节、草莓节等农业物产类的节庆等。二是偏传统的节庆和偏现代的节庆。以上提到的几个节庆活动的例子，不管是偏文化类的还是偏自然类的，一定程度上都是偏传统的，如洛阳牡丹花会节庆中，牡丹花会是起于隋唐，盛于宋朝的中国古老的传统民俗活动，而且牡丹背后有着深厚的中华文化内涵，洛阳背后则有着深厚的牡丹文化渊源，哈尔滨冰灯节，虽然有着哈尔滨冬季季节特征这一自然原因，但其背后也有着从古代流传下来的当地人民的生活习俗。而2000年特别是2003年之后中国城市音乐节、艺术节、灯光节、戏剧节、动漫节、游戏节等艺术主题节庆活动与之相比则是偏现代的。三是偏旅游类的节庆和偏产业类的节庆。因为举办节庆活动有利于带动旅游业及其相关产业的发展，到目前为止，将节庆活动大致等同于旅游节庆，将节庆研究大致等同于节庆旅游研究的情况普遍存在，西方学者盖兹（Getz）对节庆活动与旅游的关系进行了专门论述①，国内学者保继刚等于1993年首次提出"事件旅游"的概念②，后来的学者也是直接将现代节庆等同于"旅游节庆"和"旅游节事"③。以上提到的诸多节庆活动，尤其是1993年至2002年的新创节庆调整阶段的围绕旅游但并没有特定主题的旅游节、文化节、欢乐节等等，当然都属于偏旅游类的节庆。不过也有一些节庆活动，虽然也能带来举办城市旅游活动的增加，但节庆活动本身却是偏产业类的，如始创于1988年的大连国际服装节，始创于2004年的景德镇国际陶瓷节等。

2. 节庆活动的综合发展

改革开放后中国节庆尤其是新创节庆的发展过程，是以上三大维度，即偏文化类的节庆和偏自然类的节庆，偏传统的节庆和偏现代的节庆，偏旅游类的节庆和偏产业类的节庆充分发展的过程。由于城市历史文化、自身特色和发展水平的不同，以及整个社会经济发展阶段，人们的消费水平和生活方式的变化，不同城市在不同时期适合举办不同维度的节庆活动，所以到底哪类节庆更适合这一点不能一概而论。但是，为避免节庆活动出现大的失误，城市节庆活动呈现出综合的趋势，即节庆活动的规模、组合和目标受众三个方面的综合。一是规模大小的节庆活动的综合。前文提到，城市举办节庆活动，大多将其打造成为大型节庆活动，而且动辄冠以"国际"之名，但是举办节庆活动的城市不只有首都、直辖市、省会等城市，还有地市级甚至县级以下城市，不只有经济发达地区和省份，还有经济相对落后的地区和省份，因而凡是节庆活动就是大型活动就是"国际"节庆，既不现实也不必要。随着节庆活动的市场化，节庆活动的主办方和承办方不再局限于地方政府和管理者，各种不同类型的主办方和承办方的加入，首先引发了节庆活动的规模的分层。另外，节庆活动主办方和承办方按照市场规律来办节，为保证节庆活动的经济效益，也会出现节庆活动的规模的分层。二是单一和系列节庆活动的综合。因为此前城市举办节庆活动大多将其打造成大型节庆活动，这就需要举全市之力，即便有地方政府的

---

① Getz D. Festival，Special Events and Tourism. NewYork：Van Nostrand Reinhold，1991：17.
② 保继刚，楚义芳，彭华. 旅游地理学. 北京：高等教育出版社，1993：58.
③ 卢晓，陆小聪.旅游凝视下的现代节庆与城市形象的社会建构.深圳大学学报（人文社会科学版），2016，33（04）：124-129.

财政支持，维持大型节庆活动的持续性依旧是个难题，所以大型节庆活动往往是单一的。而实现了规模大小的节庆活动的综合之后，以往单一的大型节庆活动就可根据实际需要转换为规模适度的系列节庆活动。三是对外与对内的节庆活动的综合。节庆活动规模上不再盲目追求大型和国际，节庆组合从单一大型节庆活动转换为适度规模的系列活动，其背后隐含的意义是节庆活动的目标受众不只是外来人群，也要兼顾城市居民。传统节庆从其诞生之初就是为其创立者服务的，改革开放以来的新创节庆也应当成为城市本地居民所喜闻乐见的节庆，节庆活动之所以能够提升城市的影响力，正是因为其满足和丰富了当地居民的文化需求，吸引了当地居民的积极参与。

一方面节庆活动的多维发展，另一方面节庆活动的综合发展，二者都表现出向会展发展的可能和趋势。前者如偏文化类节庆中有关手工业特产的节庆，偏自然类节庆中有关农业特产的节庆，偏现代节庆中的戏剧节、动漫节、游戏节，偏产业类的节庆；后者如较大规模的节庆，系列节庆，目标受众对外对内有所侧重的节庆。以上种种节庆都更有向会展发展的趋势。

二、城市会展：不同类型的适用城市及与城市的融合发展

会展，字面意义即"会议和展览"，与之对应的，西方早期研究的是M&E（Meeting & Exhibition），继 M&E 之后又出现了 MICE 这种对会展更全面的解释，对于 MICE 的解释多种多样，最全面的是 MICE 即 Meeting、Incentive Travel、Conference/Convention、Exhibition/Exposition 和 Event 的第一个字母的大写合在一起，因为前文节庆对应的英文 Festival & Special Event 中含有 Event，为了区别于节庆和赛事来研究会展，此处所采用的会展英文不包含 Event，即 MICE 包括各种会议、奖励旅游和展览。

不管是中国还是西方，对于 MICE 的研究大多是围绕旅游进行的。最早在西方，起源于 20 世纪 20 年代的美国的 MICE 是旅游市场尤其是国际旅游市场中的一个细分市场，20 世纪 80 年代会展及奖励旅游进入中国，2002 年 MICE 这一概念被正式引入中国，此后也有学者将其放在商务旅游的框架下进行分

析，一般翻译成"会展及奖励旅游市场"[①]，也有研究将 MICE 翻译为会展或会奖旅游。但是，按照前文最终采用的 MICE 的解释，MICE 包括各种会议、奖励旅游和展览，可见，MICE 的组成十分复杂，有着比旅游更为广阔的外延，近年来，本在旅游学科范畴内的 MICE 研究也日益发展为独立的会展学[②]，所以，为了和 MICE 中所包含的具体而精确的会展和会奖旅游作区分，此处或仍采用英文 MICE 的说法或采用会展及奖励旅游这个较为详细的说法。下面就结合实际以及与旅游的关系对此进一步细分，再在此基础上分析其跳出旅游的与城市的更广泛的融合发展。

（一）与旅游关系紧密的并不适用于大多数城市的会展类型

与旅游关系紧密的会展类型主要包括以下三类。

1. 奖励旅游，即 MICE 中的 Incentive Travel

奖励旅游最早起源于 20 世纪初的美国[③]，奖励旅游中的旅游最初多是"旅游观光"，但是单纯的旅游观光对奖励旅游者积极工作的行为影响不具有显著相关性，所以后来多是"体验尊贵"[④]，因而其英文也由 tour 演变为 travel，除旅游之外，奖励旅游中还会有"工作交流"相关的程序，所以奖励旅游具有"会中有奖，奖中有会"的特征，但是，奖励旅游其重心仍然是旅游而非会议。另外，因为人员少和规模小的所谓奖励旅游与一般意义的高端团队旅游并无太大区别，所以人员多规模大也是奖励旅游的题中应有之义。基于此，中国国内企业奖励旅游做得还很少，大多还都集中在外资企业以及像保险、直销等特殊行业，直销行业的如新集团、完美集团和天狮集团等都曾因"体验尊贵"且人员多规摸大的奖励旅游而被关注。

---

① 李映洲，江燕.会展旅游概念的重新探讨.旅游论坛，2011，4（02）：13-16.
② 会展学——世界科学之林的崭新学科——《会展学原理》新书研讨会在京举行.电子政务，2005（23）：80.
③ 黄助群，林锦屏，陈莹.体验经济视角下昆明会奖旅游资源整合与开发策略探讨.云南地理环境研究，2015，27（04）：36-41.
④ 李晓莉，保继刚.期望、感知与效果：来自奖励旅游者的实证调查.旅游学刊，2015，30（10）：60-69.

2. 大型会议，即 MICE 中的 Conference/Convention

之所以将大型会议列入与旅游关系紧密的会展类型，并不是因为大型会议相关人员的旅游活动，而是因为大型会议对于会议举办城市的影响而带动的会议之后的旅游活动。这类大型会议在近年来的中国有诸如 2016 年在杭州召开的 G20 领导人第十一次峰会，2017 年在厦门召开的金砖国家领导人第九次会晤，2018 年在青岛召开的上海合作组织青岛峰会等，因为这类大型会议多为级别较高的国际性或跨国的政治经济会议，都是较少强调其本身的商业价值的会议，所以即便有会议相关人员的旅游活动，也不是此处研究城市会展营销的重点，但是，随着这些大型会议的召开，杭州 G20 演出的《最忆是杭州》推出旅游版，厦门金砖会议点亮了 1400 个夜景照明工程组成的光影盛宴，青岛推出了大型灯光艺术表演《有朋自远方来》，这些新的旅游亮点随着会议报道而得到了广泛传播，会后吸引了众多旅游者前来旅游。另外，还有由我国倡导的从 2014 年开始每年都在浙江省嘉兴市桐乡乌镇举办的世界互联网大会（World Internet Conference，简称 WIC），也为久负盛名的旅游小镇再添新的元素。

3. 博览会，即 MICE 中的 Exposition

不同于通常作为各种形式的展览会的总称的 Exhibition，Exposition 起源于法国，当时特指宣传工业实力而不做贸易的展览会，并且此后从宣传工业实力扩展到方方面面的宣传。目前国际上比较知名的有世界博览会（简称世博会）和世界园艺博览会（简称世园会），在中国举办的分别有 2010 年上海世博会，1999 年昆明世园会和 2019 年北京世园会，另外，中国国内比较知名的创办于 1997 年的中国国际园林博览会（简称园博会）等，都属于 Exposition 之列。较之于 Exhibition，Exposition 除了不做贸易，只是宣传性质的展览会之外，其与旅游的紧密关系更在于其展览的场地或场馆都是为一次展览而新建，这些场地或场馆在展览期间就是举办城市的重要的旅游景区，即便展览结束后有些场馆需要拆除而使其规模变小，其展览场地仍会成为该城市的重要的旅游景点。

适合开展以上三种与旅游关系紧密的会展类型的城市大多本就是国际大都市或高端度假地及旅游目的地，大多数城市与此无缘，所以，它们并不是本节研究的重点。

（二）与旅游关系松散但适用城市需要具体分析的会展类型

MICE 中除去 Incentive Travel 即奖励旅游、Conference/Convention 即大型会议、Exposition 即博览会，还剩下 Meeting 和 Exhibition，即西方早期研究的 M&E，即狭义的会展，为了区别于大会展，此处称之为展会，即相对独立的展览以及围绕展览的相关会议，下文会根据具体情况使用范围更广的展会和范畴更窄的展览或展览会的概念。下文首先梳理中国改革开放至今展会发展历程、现状和问题，并在此基础上分析其跳出旅游的与城市更广泛的融合发展的方式和路径。

1. 中国展会发展历程、现状和方向

2002 年 MICE 这一概念被正式引入中国以来，中国的展览业以平均每年 20% 的速度递增[①]，展览业场馆的硬件建设和展会举办数量都获得了较快发展，但是随着展览业场馆数量和展览总面积的增速大于展会举办数量的增速，城市和场馆之间的竞争也日益加剧。2012 年，全国清理和规范庆典研讨会论坛活动工作领导小组设立，领导小组开始对党政机关主办的展会进行摸底普查和清理规范；2015 年 3 月 29 日，国务院发布《国务院关于进一步促进展览业改革发展的若干意见》；同年 9 月 23 日，国务院同意建立由商务部牵头的促进展览业改革发展部际联席会议制度。2012 年开始的中国展览业的市场化和专业化为主的调整，为中国展览业面对近年来中国经济进入"新常态"尤其是近两年的中国经济下行压力提前做好了准备。

经过三十多年的发展，中国展览业的格局大致形成，下面主要从总体的展览业场馆的硬件建设和展会举办数量，以及具体的区域分布两方面进行介绍。一是总体的展览业场馆的硬件建设和展会举办数量方面，根据全球展览业协会（The Global Association of the Exhibition Industry）的前身国际展览联盟（Union of International Fairs，简称 UFI）以及中国会展经济研究会的统计，中国展馆的规模和数量以及展会举办数量都居于世界前列，且依然保持上升态势。二是具体的区域分布方面，中国的展览业呈现出区域集中度较高的特征，展览业的

---

① 厉无畏. 建设创意城市与发展会展业. 国际经贸探索，2012，28（08）：4-11.

发展在大城市和小城市，东部、中部和西部地区之间表现出极大的差异。

综上，一方面，中国展览业的格局已经大致形成，即硬件建设和展会举办数量都已经达到较高水平，但大型展馆和展会基本集中在东中部发达地区的大城市，所以，大型展会与以上与旅游关系紧密的奖励旅游、大型会议和博览会类似，并不适用于大多数城市。另一方面，中国展览业仍在市场化和专业化为主的调整进程之中。说到市场化调整，大型展览较多被政府与国有企业主导，中国展览业的市场化需要中小型展览的快速崛起；说到专业化调整，这就为大多数中小城市在中小型贸易展览和对内为主的消费展览方面有所作为提供了上升空间。

2. 展会与城市融合发展的方式和路径

大多数中小城市在中小型贸易展览和对内为主的消费展览方面的专业化调整，既依赖于展会与城市的融合发展，也有助于展会与城市的融合发展。展会与城市融合发展的方式主要有以下三个方面。

一是做好展览，通过展览的外显功能提升城市产业凝聚力和提高居民生活幸福感。相比于大城市做展，强调做强展，即规格高，动辄国际级、国家级，中小城市做中小型贸易展和对内为主的消费展，重在通过展示技术化路径、形象化路径和意象化路径[①]把展做好。

二是做活展览，通过把展览内化为文化旅游项目融入城市的文化旅游产业。相比于大城市做展，强调做大展，即规模大，中小城市做中小型贸易展和对内为主的消费展，可以通过"体验化路径"[②]，将展览本身打造成为独特的文化旅游体验项目。

三是做通展览，通过会展产业与创意文化产业、旅游产业融合发展路径，实现展会与城市的深度融合，使得传统工业区和文化居住区以办展为基础，逐步发展为集展览展示、文化创意和休闲娱乐于一体的区域。

城市展会活动的发展，从政府主导的集中于大城市和东中部地区的高规格、大规模向市场化发展到中小城市各司其职，中小城市从展会的外显功能向内化并通过与创意文化产业、旅游产业融合发展路径实现展会与城市的深度融

---

① 李勇军，刘海燕，黄柏青. 会展产业价值链及其产业融合研究. 商业研究，2016（01）：10-15.
② 同上。

合，这些都是会展活动专业化的表现。在城市活动营销中，相较于节庆活动，会展活动因与手工业、农业以及工业等产业的关联而更需专业化，而城市赛事活动，则更强调专业性。

三、城市赛事：不同类型的适用城市及与城市的融合发展

城市赛事，除体育赛事外，还包括文化赛事等，但目前的城市文化赛事或者是作为城市节庆或城市会展的一个组成部分，或者是更多地依赖于媒体传播，总之其规模和影响都比较有限，而城市体育赛事在媒体传播之外在现场也因其一般规模较大且参与性较强而能够引发较大范围传播，所以此处研究城市赛事主要研究城市体育赛事，但未来随着城市赛事实践出现更多的可能，城市赛事研究也将不再限于城市体育赛事研究。

中国城市的体育赛事实践和研究，一方面，最早始于1990年在北京举行的第11届亚运会，这是中国举办的第一次大型综合性国际体育赛事，不过当时的关注点还更多停留在体育赛事对于国家的国际政治地位和国家形象的提升，这种倾向一直持续到2001年北京成功申办2008年夏季奥运会。从2001年北京成功申办到2008年北京成功举办第28届夏季奥运会，中国城市体育赛事实践和研究的关注点才开始从国家的国际政治地位和国家形象的提升落实到更为具体的城市品牌影响的方方面面。同时，不只是奥运会，在中国，国际国内各种大型综合性体育赛事的成功举行以及关于这些赛事对于城市品牌影响的研究也越来越多，并且随着大型综合性体育赛事影响的扩大，单项竞技的专业性体育赛事实践和研究也日益引起关注。另一方面，相较于综合性和单项竞技的专业性体育赛事的发展，20世纪90年代以及本世纪开始的十年，中国的群众性体育赛事虽然也有所发展，且在其他城市活动尤其是城市节庆活动中有较多呈现，但其总体发展滞后于综合性或单项竞技的专业性体育赛事的发展，直到2010年之后，随着中国社会经济的发展，城市商业性和群众性体育赛事才开始了爆发式增长。

近些年来，中国出台了一系列利好体育产业发展的政策，这些政策在对综合性和专业性体育赛事发展利好的同时，更是呼应并引导了商业性和群众性体育赛事大发展的趋势。这些体育产业利好政策从2014年到2019年仍在继续，

主要包括:《国务院关于加快发展体育产业促进体育消费的若干意见》(国发〔2014〕46号)以及随后发布的《体育总局关于推进体育赛事审批制度改革的若干意见》(体政字〔2014〕124号);《体育总局关于印发＜全国性单项体育协会竞技体育重要赛事名录＞的通知》(体政字〔2014〕125号)以及所附的含有167项赛事名录的《全国性单项体育协会竞技体育重要赛事名录》;《国家体育总局办公厅关于推动运动休闲特色小镇建设工作的通知》(体群字〔2017〕73号)以及随后发布的《体育总局办公厅关于公布第一批运动休闲特色小镇试点项目名单的通知》(体群字〔2017〕149号),决定将全国96个项目列为第一批运动休闲特色小镇试点项目;《国务院办公厅关于加快发展体育竞赛表演产业的指导意见》(国办发〔2018〕121号);《国务院办公厅关于促进全民健身和体育消费推动体育产业高质量发展的意见》(国办发〔2019〕43号)等。

以上所谓的综合性、专业性,群众性、商业性的说法并不是对体育赛事的同一维度的划分,因而彼此之间可能会有交叉和重合,但笔者正是以上述各类说法作为切入角度对城市体育赛事进行分析的,这将在以下各部分的分析中具体阐述。下面笔者就分为综合性和专业性体育赛事,以及商业性和群众性体育赛事两个部分,结合体育产业相关利好政策,来分别探讨各类赛事所适用的城市,并进一步分析商业性和群众性赛事的发展方向。

(一)综合性和专业性赛事各自的适用城市

说到综合性体育赛事,其实大多也是专业性的,但是相较于其专业性,笔者此处强调的是其规模的大型,而与综合性体育赛事对应的是单项竞技体育赛事,但此处讨论这些单项竞技体育赛事关注重点在于其本身的专业性甚至特殊性,强调大型和关注专业都是为了进一步分析综合性或专业性赛事各自所适用的城市。

1. 综合性赛事的效应分析及其适用城市

学界对于体育赛事与城市之间关系的研究始于大型综合性体育赛事,尤其是中国,基本是从奥运会开始的。大型综合性体育赛事对于城市的影响,首先和最为直接的是带动城市体育产业的发展,进而因为调整升级城市产业结构,促进城市旅游业发展,改善城市基础设施而优化整个城市的经济结构;其次在中国北京举办第 11 届亚运会和申办第 28 届夏季奥运会时最为看重的是树立国家形象并且间接提升政府和管理者能力，并随着越来越多的中国城市成功举办国际国内大型综合性体育赛事而进一步落实到提高城市居民素养和塑造传播城市品牌上面。

再具体到大型综合性体育赛事对于城市品牌的提升，有学者分别从城市空间和赛事过程两个方面予以分析。从城市空间看，大型综合性体育赛事的举办对城市空间可起到量的扩大与拓展，质的优化与融合两种作用[①]，进而提升城市品牌。从赛事过程看，大型综合性体育赛事在申办阶段，申办成功之后赛事举办之前，到核心的赛事举办阶段，以及赛事结束之后共四个阶段[②]，会以不同方式提升城市品牌。

虽然举办大型综合性体育赛事对于城市品牌具有提升作用，对于城市的发展具有"催化剂综合效应"[③]，但是并不是所有城市举办所有体育赛事就必然促进城市的发展[④]，也有可能对城市经济、社会、环境等方面带来负面效应。经济方面，举办大型综合性体育赛事可能会导致赛前主要是因为政府投资增加而引起的私人消费或投资降低的挤出效应，赛前赛中主要是因为举办城市的大发展而引起的其他城市发展机会减少的马太效应，赛后主要是因为赛前赛中的提振而引起的后续发展乏力的低谷效应。社会方面，主要是城市非受益市民和居民的"生活受损"，以及与经济负面效应相关的体育设施的闲置和社会额外支出的增加[⑤]等。环境方面即大兴土木以及人群大量聚集对于自然环境、空气质量等方面的影响等。

综上，若想通过举办大型综合性体育赛事促进城市发展，提升城市品牌，还需举办城市的精心组织和运营。

在综合分析了大型综合性体育赛事的效应之后，这类赛事的适用城市也应当被重点强调。通过以上分析可以看出，大型综合性体育赛事与前文提到

---

① 孙有智. 大型体育赛事对城市品牌提升的路径研究——基于城市空间理论视角的探索. 南京体育学院学报（社会科学版），2011，25（02）：80-83.
② 朱洪军. 大型体育赛事提升城市品牌的路径研究. 山东体育学院学报，2010，26（10）：11-15.
③ 曹庆荣，雷军蓉. 城市发展与大型体育赛事的举办. 西安体育学院学报，2010（04）：399-401.
④ 鲍明晓，张林，曹可强，程林林. 对加快发展体育产业的理论思考（笔谈）. 成都体育学院学报，2012（7）：1-9.
⑤ 董杰. 奥运会对举办城市经济的负面影响及对策研究. 西安体育学院学报，2004，21（02）：8-12.

的MICE中的奖励旅游、大型会议、博览会和大型展会相似,尤其是与博览会和大型展会相似,另外,由于大型综合性体育赛事需要依托更多的体育场馆和场地,因而,能够举办大型综合性体育赛事的城市甚至比能够举办博览会和大型展会的城市更加受限,也就是说,大型综合性体育赛事并不适用于绝大多数城市。

2. 专业性赛事发展及其适用城市

近年来的体育产业相关利好政策,在以下几方面促进了专业性的单项竞技体育赛事发展。一是支持引进国际重大赛事。二是有关部门取消除少数特殊体育项目赛事的其他单项竞技体育赛事的审批。三是大力发展职业赛事,推动实现俱乐部地域化。以上相关利好政策首先直接促进了体育项目、体育赛事和体育产业本身的发展,但是,这些单项竞技体育赛事与城市发展和城市品牌的关系,则不同于前文大型综合性体育赛事与城市之间的关系。下面结合较早的2014年取消审批的《全国性单项体育协会竞技体育重要赛事名录》中的167项单项竞技体育赛事所涉及到的体育项目,分析不同体育项目赛事的适用城市及其对城市的促进和提升作用的大小。

一是依托体育馆体育场等场馆场地为主的专业性体育赛事。主要涉及球类、棋牌类、射击、射箭、击剑、举重、摔跤、柔道、拳击、跆拳道,体操类、武术类,跳水游泳类,大多数田径比赛等体育项目的赛事。这类体育赛事的特点是对于举办城市的综合实力的要求不那么高,一座城市能否举办这类体育赛事更多取决于其在体育项目、体育赛事和体育产业方面的专业性。相应地,这类体育项目和体育赛事的举办对于城市品牌的促进和提升作用也比较有限,因而也不在笔者所讨论的城市借助赛事活动进行营销的范畴。

二是依托开放性场地为主的专业性体育赛事。主要涉及高尔夫球、马术、铁人三项、自行车、马拉松等体育项目的赛事。其中高尔夫球项目赛事的高尔夫球场,马术比赛中的越野赛赛场,铁人三项赛中的游泳比赛的天然水域,公路自行车比赛和公路长跑的公路,自行车项目赛事中除场地自行车之外的公路自行车、山地自行车、自行车越野的公路和山地,马拉松比赛的城市道路等,这些比赛场地都是开放性的,需要城市具备一定的自然环境和城市建设基础。相应地,这类体育项目和体育赛事的举办也能传播城市的自然景色和城市面貌，对城市品牌起到一定的提升作用，所以适合有条件的城市针对这类体育赛事进行专业性地建设和运营。

三是依托开放性场地以及特定自然条件的专业性体育赛事。主要涉及水上项目、冰雪项目等体育项目的赛事。其中水上项目中的帆船、皮划艇和赛艇等体育项目的赛事多在江河湖泊等大自然水域进行，这至少需要举办城市具有较好的江河湖泊等自然水域条件。而冰雪项目尤其是雪上项目中的滑雪、雪橇等体育项目的赛事更是要求举办城市具备冬季和适宜形成降雪的条件。相应地，这类体育项目和体育赛事的举办对于城市品牌的提升作用也最为明显。

综上，城市可通过与其相容的赛事实现赛事与城市的融合，通过赛事品牌与城市品牌的"联合战略"[1]提升城市在已有和潜在旅游者心目中的形象，促进城市旅游业发展。

（二）商业性和群众性赛事的发展方向

一方面，城市会展和城市节庆等城市活动中本就有观赏性体育项目或节庆性竞赛活动存在，其中，观赏性体育项目更能体现休闲性，可以获得"移情、迷狂"[2]等日常生活难以获得的情绪体验，而节庆性竞赛活动往往根植于某种文化，更注重欢庆的氛围和大众的参与[3]。另一方面，近些年来中国出台的一系列利好体育产业发展的政策，在对综合性和专业性体育赛事发展利好的同时，更是呼应并引导了商业性和群众性体育赛事大发展的趋势，而商业性和群众性体育赛事中大多都是观赏性体育项目或节庆性竞赛活动，这些政策涉及到的观赏性体育项目有马拉松、武术、搏击、自行车、户外运动、航空运动、极限运动等，节庆性体育活动有包括武术、龙舟、舞龙舞狮等体育项目在内的体育庙会，以及表演赛和明星赛等。

可见，与城市融合发展在体育产业发展过程中是一以贯之的，体育产业与城市的融合发展可分为"体育+"和"+体育"两种做法，"体育+"是以体育产业为主，在体育产业发展中融入其他产业要素，"+体育"是以其他产业为

---

[1] 刘东锋.城市营销中体育赛事与城市品牌联合战略研究.武汉体育学院学报，2008（05）：38-41.
[2] 王健.休闲体育研究综述.云梦学刊，2010（01）：56.
[3] 和立新，庞风东.从泰山国际登山节看节庆性竞赛活动的社会学特征.山东体育科技，1998（03）：61-65.

主，在其他产业中融入体育产业要素。"体育+"和"+体育"形成了体育旅游、体育地产、体育会展、体育医疗、体育教育、体育传媒、体育广告、体育影视、体育制造等等，在这些体育产业与其他产业融合发展的业态中，以体育赛事为主支撑起来的体育旅游和以体育赛事和体育旅游为主支撑起来的体育地产最具代表，而且能将其他业态融入其中，下面笔者就分别以体育旅游为代表简单分析体育产业链的延展，并围绕体育地产分解不同类型的体育产业区域。

1. 体育产业链的延展

在以上提到的体育产业利好政策中，2018年12月21日发布的《国务院办公厅关于加快发展体育竞赛表演产业的指导意见》，将以体育赛事为主支撑起来的体育旅游具体落实到了体育竞赛表演产业。体育竞赛表演产业是体育产业的重要组成部分，政策鼓励以向"专精特新"方向发展的各类中小微体育竞赛表演企业为主体，围绕其再以旅游、交通、餐饮等为支撑，以广告、印刷、现场服务、互联网等为配套，形成产业集群。

2. 体育产业区域的形成

在以上提到的体育产业利好政策中，2017年5月9日发布的《国家体育总局办公厅关于推动运动休闲特色小镇建设工作的通知》（体群字〔2017〕73号）以及随后2017年8月10日发布的《体育总局办公厅关于公布第一批运动休闲特色小镇试点项目名单的通知》（体群字〔2017〕149号），决定将全国96个项目列为第一批运动休闲特色小镇试点项目。政策显示体育小镇是体育产业区域的一个重要构成，而体育产业区域多种多样，不止于近年来发展势头强劲的电竞小镇、航空小镇等体育小镇。

体育基地、运动营地等是体育产业区域的最早形式，另外，政策鼓励将其纳入青少年研学基地。前文专业性单项竞技体育赛事部分提到，部分赛事需要举办城市具备特定的自然环境和自然条件，而另外，少数民族地区也有其民族特色体育项目，这就使得围绕区域特色发展的体育产业成为一类专门的体育产业区域，其中有条件的可以设立国家体育产业发展协同创新中心。此外，体育与交通融合可以发展户外营地、徒步骑行服务站、汽车露营营地、航空飞行营地、船艇码头等体育产业区域，体育与旅游融合可以发展为体育旅游度假区，体育旅游与地产融合可以发展为体育旅游综合体，而体育产业链延展中重点提到的体育竞赛表演产业可以发展形成体育竞赛表演产业集聚区。

四、小结：城市活动营销发展的问题

城市节庆、城市会展和城市赛事三个部分，放在城市品牌关系和城市品牌事的范畴来看，都属于活动营销。而相较于一般的品牌关系，城市品牌关系是极为复杂的，城市品牌关系的塑造，不只包括备受城市政府和管理者重视的活动营销，更包括临时的、随时的对于各类危机事件的处理甚至借势营销，以及更多的日常发生的城市故事。

以上城市节庆活动的文化与自然、传统与现代、旅游与产业等维度的多维发展，城市节庆活动的规模大与小、单一与系列、对外与对内等方面的综合发展；城市会展活动中除去并不适用于大多数城市的奖励旅游、大型会议和博览会之外的城市展会活动，其发展从政府主导的集中于大城市和东中部地区的高规格、大规模转向市场化，由中小城市各司其职，中小城市通过展会的专业化将展会从外显功能转向内化，并通过与创意文化产业、旅游产业融合发展路径实现展会与城市的深度融合；城市赛事活动中除去并不适用于绝大多数城市的大型综合性体育赛事之外，城市可以与其相容的专业性单项竞技体育赛事实现赛事与城市的融合，城市商业性和群众性体育赛事可以通过"体育+"和"+体育"两种做法，以体育产业链的延展和体育产业区域形成而与城市实现更深度的融合。以上城市节庆活动、城市会展活动和城市赛事活动的发展方向，都是为了使备受城市政府和管理者重视的活动营销，尤其是大型活动营销，变成深度融入城市日常的城市特色品牌。

所以，城市品牌关系的打造在经历了活动，尤其是大型活动营销为主的发展阶段后，必然转向关注临时、随时的城市事件和日常的城市故事的新的发展阶段。

第二节 城市品牌关系 IP 化的发展必然与建议

　　城市节庆、城市会展和城市赛事等城市品牌关系塑造中的活动营销在传统媒体环境下获得了较快较好的发展，而城市品牌关系塑造中的城市危机事件处理和借势营销，以及城市日常故事的传播不如城市活动营销发展得早发展得快，一定程度上也是受制于传统媒体的单向传播、相对静态的特性。新媒体和社会化营销的兴起，动态和互动既为城市活动营销的发展提供了更多可能，更使得城市品牌关系塑造中的城市危机事件处理和借势营销，以及城市日常故事的传播成为可能，而且除了有固定时间限制的城市活动，临时、随时发生的城市危机事件，日常发生的城市故事，更能形成城市与外部受众甚至内部受众之间的持久的连接，更有助于形成彰显城市文化的城市 IP。

　　城市品牌关系塑造的空间层面，城市节庆、会展和赛事等城市活动营销将城市与外部受众甚至内部受众进行连接的空间限定在固定的场馆场地，或者有计划有准备对外展示的城市空间，而在新媒体环境下，发生于城市每个角落的城市危机事件和城市日常故事都可以并可能被传播出去，为此，城市品牌关系运营传播必须围绕城市的点、线、面到体全空间进行。城市品牌关系塑造的时间层面，城市节庆、会展和赛事等城市活动营销将城市与外部受众甚至内部受众进行连接的时间进行了提前计划，而在新媒体环境下，城市危机事件和城市日常故事所发生的每时每刻都可以并可能被传播，为此，城市品牌关系塑造必须围绕城市的白加黑 24 小时、节假日加平日 365 天、旺季加淡季四季的全时间进行。

　　城市事件即城市公共危机事件，R.J. 斯蒂尔曼（R. J. Stillman）认为公共危机是一种打破社会平衡，从而使其无法正常运行的过程[①]。尼古拉斯·亨利（Nicholas Henry）认为公共危机是一种由于受内外环境的影响，从而对社会造成损害的危险境况或状态[②]。近年来，随着中国城市化进程的加快，与城市的

[①] ［美］R.J. 斯蒂尔曼. 公共行政学. 北京：中国社会科学出版社，1989.
[②] ［美］尼古拉斯·亨利. 公共行政学. 北京：华夏出版社，2002.

快速增长和发展同时发生的是城市公共危机事件的增多，这其中包括灾难问题、民族问题、宗教问题、安全问题、卫生问题、生态问题，以及城市管理中的城乡关系、拆迁问题、城管执法、警民关系、干群关系、医患纠纷、劳资关系等诸多问题，中国的城市政府和管理者自2003年抗击非典以来也积累和发展了丰富的应对城市公共危机事件的经验。说到城市公共危机事件，相应研究也跟随城市政府和管理者的实践而大多关注城市内部关系和较为严重的灾难问题、安全问题等，而本课题主要是研究城市品牌，所以，笔者此处重点关注的是近年来日益受到重视的从城市外部关系开始，但是折射出城市内部关系的旅游危机事件。

提到城市故事，传统媒体环境下，主流媒体所塑造的往往都是历史故事，或是当下围绕大型活动和各界名人的故事，而动态和互动的新媒体和社会化营销环境下，变被动接受为主动获取的受众在关注历史或名人的大事之外，也愿意甚至更愿意关注当下的或者年代并不久远的平凡生活中的普通人的日常小事。

相对于围绕城市内部关系的那些公共危机事件的旅游危机事件，以及相对于历史或名人的大事的当下普通人的小事，更适合新媒体的传播特点，在新媒体环境下会被塑造和传播得更远更广，并且也会引发更多的讨论。所以，本节仅以城市旅游危机事件和城市日常故事为例，说明如何将更能形成城市与外部受众甚至内部受众之间的持久的连接的城市事件和城市故事打造成彰显城市文化的城市 IP。

一、以完善的管理文化来应对城市旅游危机事件

前文提到城市公共危机事件包括灾难问题、民族问题、宗教问题、安全问题、卫生问题、生态问题，以及城市管理中的城乡关系、拆迁问题、城管执法、警民关系、干群关系、医患纠纷、劳资关系等诸多问题，此处要研究的旅游危机事件与以上城市公共危机事件并不在一个维度，即虽然旅游危机事件也可能是以上各类城市公共危机事件，如旅游交通事故灾难、旅游景区自然灾害事故，旅游景区特别是近年来发展的如火如荼的实景演出破坏生态问题等等，但这些城市公共危机事件，或者其影响巨大而不止于城市这个主体，或者

其影响重点并不在城市品牌关系上,所以以上城市公共危机事件不在本章的研究范畴之内。框定了城市旅游危机事件的大致范畴之后,下面笔者结合近年来的热点案例对城市旅游危机事件的发展阶段进行具体分析,并提出相应的处理对策。

(一)近年来代表性的旅游危机事件案例

下面首先选取三个近年来有代表性的旅游危机事件,然后在此基础上总结出旅游危机事件的发展阶段。

1. 青岛天价虾事件

2015年国庆假期期间,几位外地游客在青岛旅游期间,在一家餐馆就餐时遭遇"点菜时38元一份的大虾结账时变成38元一只"的宰客乱象。在与餐馆老板发生争执后,当事游客选择报警,但是在派出所和物价局双方互相推诿之后,再次报警后派出所才协调当事游客按照大虾38元一只但消费总额适当扣减的价格支付给餐馆老板。事后青岛交通广播官方微博转发当事游客的个人爆料后,迅速引爆全网,并引得更多网友爆料自己在青岛旅游期间所遭遇的乱象。虽然此后青岛市相关部门对此事展开了调查,并且退还当事游客多收钱款,对涉事店家作出罚款并责令其立即改正价格违法行为的处罚,当地相关部门的负责人也受到相应的处罚,另有青岛企业家给当事游客提供慰问奖励金,但还是导致"天价虾"、"38元大虾"成为年度热词,该事件对青岛旅游乃至山东旅游的负面影响都较大。

2. 丽江游客被打事件

2016年11月有外地游客在丽江旅游期间,在一烧烤店就餐时遭邻桌多名男子辱骂暴打,导致面部受伤、钱包丢失。当事游客当晚报警,做过笔录,辨认过嫌疑人,在丽江住院之后又离开丽江的近3个月,伤情鉴定一直被拖延,而且也没收到派出所的涉案回执单。2017年1月24日,当事游客在个人微博上爆料此事,迅速引爆全网,并引得更多网友,甚至演员张若昀的父亲和童话大王郑渊洁等名人也都一起爆料自己在丽江甚至云南旅游期间所遭遇的乱象。虽然此后丽江市公安局1月25日即做出回应,2月9日批准逮捕6名嫌疑人,丽江市古城区人民法院最终于8月17日依法公开宣判，但此事对当地旅游的负面影响较大。另外，2017年2月25日国家旅游局在继2015年10月之后再次对丽江古城景区作出严重警告处理决定，丽江市古城区委宣传部官方微博随即表态称"接受舆论监督，表示诚挚的歉意……"，但是在有网友评论说"永远不会去的地方就是丽江"时，该官微答复"你最好永远别来！有你不多无你不少！"。官方微博发布的一系列不适当的言论更是使得该事件的负面影响被进一步放大。

3. 雪乡坑人事件

2017年12月29日，有外地游客在其个人微信公众号平台发布《雪乡的雪再白也掩盖不掉纯黑的人心！别再去雪乡了！》一文，迅速引爆全网，并引得更多网友爆料自己在雪乡旅游期间所遭遇的乱象，甚至网友挖出2013年《爸爸去哪儿》节目组工作人员在雪乡录制节目之后发布的"雪乡噩梦般的经历终于要结束！"的微博。该文发布后，黑龙江森工大海林林业局纪委、旅游局、雪乡景区管委会、雪乡派出所组成了联合调查组，针对文中提到的四点问题的回应，在对存在价格欺诈行为的赵家大院家庭旅馆业主进行处罚，责令配有欺诱游客购买游乐项目门票"乘务员"的客运公司随车"乘务员"全部取消的同时，否认了游客对于非正规游乐项目价格虚高以及游客中心售卖商品价格虚高的问题。此外，2018年1月17日，《黑龙江省人民政府办公厅关于切实加强全省冬季旅游市场综合监管的通知》发布，其中对重点景区和"12345市长热线"的工作进行了重点部署。虽然有雪乡相关部门的回应和黑龙江省政府的重视，但是，在应对此事的过程中，又有赵家大院家庭旅馆业主对当事游客的污蔑，又有大海林林业地区旅游局局长回应称该网帖中存有不实信息，正考虑走法律途径解决，又有当年12月31日前往雪乡的路途中发生的4死5伤的重大交通安全事故，使得该事件的负面影响不仅没有被彻底消除，反而被不断放大。

（二）旅游危机事件的三个发展阶段及处理对策

对于危机事件的发展阶段，通常有事前事中事后的划分方式，以及相应的事前预防、事中积极处理、事后继续善后的大致处理对策，为了使针对旅游危机事件的不同发展阶段的处理对策更有针对性，在分析以上三则旅游危机事件案例的基础上，结合不同阶段的特征，笔者将旅游危机事件分为三个阶段，即旅游乱象发生阶段、线下投诉阶段和线上全网引爆阶段。下面笔者根据处理对策的由浅到深先分别分析线上全网引爆阶段、线下投诉阶段和旅游乱象发生阶段。

1. 全网引爆及城市政府和管理者发布信息的3T原则应对阶段

以上三则案例中，事件全网引爆后，城市政府和管理者发布信息过程中，除青岛表现中规中矩外，丽江官方微博又发布一系列不适当的言论与网友争论，雪乡又传出一些诬蔑游客甚至所谓考虑走法律途径解决的传言，都使得事件的负面影响不仅没有被彻底消除，反而被不断放大。

在已经十分丰富的危机处理的实践和研究中，危机处理过程中发布信息有一个通用的3T原则[①]。一是Tell You Own Tale，即以我为主提供情况，这一点强调政府和管理者应当掌握信息发布的主动权。以上三则案例中，因为是由当事游客率先发布信息引爆全网的，城市政府和管理者更应当迅速积极回应，争取全网将关注焦点从游客发布的信息转移到城市政府和管理者发布的信息上来。二是Tell It Fast，即尽快提供情况，这一点强调危机处理时政府和管理者应该尽快不断地发布和更新信息。以上三则案例中，除当事游客单一事件外，又引发更多网友跟进，这就使得政府和管理者难以一一回应，这就更加要求政府和管理者及时更新事件进展。三是Tell It All，即提供全部情况，这一点强调信息发布全面、真实，而且必须以实相告，全面、真实地发布信息才能掌握发布信息的主动权，并且获得当事游客和不断跟进的网友的接受和认可。

3T原则只是危机处理过程中发布信息的一个通用原则，而当下中国的城市政府和管理者在危机处理过程中常常陷入"塔西佗陷阱"。"塔西佗陷阱"即城市政府和管理者一旦失去公信力，其再发布的信息无论怎样都会被认为是假的[②]。为避免"塔西佗陷阱"，城市政府相关部门在以3T原则发布信息之外，还应更好地处理当事方游客此前的线下旅游投诉。

---

① Michael Regester. Crisis Management. New York：Random House Business Books，1989.
② 潘知常. 谁劫持了我们的美感——潘知常揭秘四大奇书. 上海：学林出版社，2016.

2. 游客线下的旅游投诉阶段及政府各部门的联动处理阶段

以上三则案例中，除雪乡坑人事件中当事游客是直接在网上通过其个人微信公众号发文曝光该事件，并且在微博上向国家旅游局信息中心、中国消费者协会和携程旅游网的官方微博发起了投诉外，青岛天价虾事件中的游客首先是在线下先报警后找物价局再报警，丽江被打游客更是当时就报警，并在丽江当地住院且在离开丽江之后一直和丽江警方沟通长达近3个月，但是，正是青岛和丽江城市政府相关部门对游客线下的投诉和报案处理存有问题，才导致了事件从线下小范围发展到全网大范围，因而，正确处理游客线下的旅游投诉是比线上发布信息补救更为有效的处理方式。

政府各部门联动，是处理旅游投诉的有效方式。以上三则案例中，青岛天价虾事件中，警方以其没有价格欺诈方面的执法权为由推诿责任，而物价局又以不是上班时间和假期休息为由推诿责任。雪乡坑人事件全网引爆后，当地要由黑龙江森工大海林林业局纪委、旅游局、雪乡景区管委会、雪乡派出所多个部门共同组成联合调查组，正反映了城市旅游危机事件的复杂性。因为旅游业的综合性，城市旅游危机事件也涉及到方方面面，因而需要众多政府部门的协调。一方面，近年来，中国众多省份和城市的旅游局升级为旅游发展委员会即旅游委，从政府直属机构调整为政府组成部门，实现了管理视角的提升，机构细化业务更加专业化，实现了职能权力的升级，扩大了职责管辖范围，特别是2018年十三届全国人大一次会议第四次全体会议发布了国务院机构改革方案后，文化部和国家旅游局合并组建文化和旅游部，各地纷纷改革组建文旅委，这有助于旅游危机事件处理中各方有效联动；另一方面，雪乡坑人事件后，整治方向中提到的"12345市长热线"，也是实现旅游危机事件处理中各方联动的有效途径。当然，政府各部门的联动还有待继续完善和提升。

即便政府各部门的联动有效处理了线下的旅游投诉事件，也并不代表不再存在旅游乱象，一是并不是所有遭遇旅游乱象的游客都会选择投诉；二是虽然利用微博、朋友圈等社交媒体的投诉比例也较高，但是尚有大量的线上投诉并不会被关注；三是还有较大比例的用户会选择直接向商家或旅游类第三方平台进行投诉。

所以，处理线下投诉事件虽然比处理全网引爆的线上事件更进一步，但依旧是治标不治本，旅游乱象是旅游投诉和全网引爆的根源，若想杜绝事态进一步发展和扩大，最根本的是要杜绝乱象的发生。

3. 旅游过程中乱象发生阶段及城市全民参与的常态化管理

在青岛被宰，在丽江被打，在雪乡被摔，分别是以上三个案例在现实中的旅游乱象发生阶段，城市政府和管理者应当将更多的精力放在城市旅游的常态化管理上。

杜绝乱象发生，需要城市政府和管理者将旅游管理作为常态化工作，而旅游管理工作的常态化除了需要城市相关部门的努力，还需要社会力量的积极参与。如果青岛天价虾事件中，涉事餐馆在"十一"期间更换价格欺诈菜单曾引发的附近餐馆老板多次反对能够起效，就不会有一只"38元大虾"对从2007年开始耗费几亿元打造的"好客山东"品牌产生影响；如果丽江打人事件中涉事烧烤店店主能够及时报警，而不是等着被打接近昏迷的游客自己报警，一次打架事件就未必让更多的游客人人自危；如果雪乡坑人事件中在事后才与违规承租方解除房屋租赁合同的家庭旅馆房主能够在事前在房屋租赁合同中附加约束条款，就不可能存在价格欺诈的赵家大院对纯白童话世界的雪乡产生影响。以上几个代表性城市旅游危机事件中，城市相关部门可以有针对性地制定保障和激励相关人员甚至社会力量积极参与到城市旅游环境以及城市品牌的建设中，以完善的管理文化来应对城市旅游危机事件。

以旅游危机事件为代表的临时、随时发生的城市危机事件之所以会对城市品牌产生较大的负面影响，还是因为城市与外部受众甚至内部受众之间的连接不够持久，而只有将更多的日常发生的城市故事融入城市品牌传播中，才能强化城市与外部受众甚至内部受众之间的连接。

二、以多种形式的口述历史来讲述城市日常故事

前文提到，传统媒体环境下的城市故事多是历史故事、重大活动或名人故事，新媒体环境下的城市故事多是当下的或者年代并不久远的平凡生活中的普通人的日常小事。事实上，传统媒体环境下的主流媒体也曾经尝试过"讲述老百姓自己的故事"，但是老百姓自己讲述老百姓自己的故事，却是动态和互动的新媒体和社会化营销环境下较之于传统媒体环境下的最大优势。城市让其内

部市民和居民,让其外来迁入者、投资者、旅游者、商务访问者等各自讲述自己的故事,用这些城市故事构筑起来的城市品牌,能够和城市的外部受众以及内部受众之间形成更深入更持久的连接。

新媒体和社会化营销环境下,老百姓自己讲述老百姓自己的故事,一是老百姓自己讲,虽然较难承担起传统媒体环境下主流媒体"记录中国进步的轨迹"和"打造行进中的影像中国"那般宏大的命题,但是因为"城市是人的城市"[1],老百姓自己讲述自己的故事的口述历史,还可以更多地融入物质文化遗产为主的城市记忆工程和城市非物质文化遗产项目;二是讲述的媒介和形式更加丰富,不再必须依靠国家电视台这样的主流媒体平台,可以是微博上的只言片语,微信上的一组照片,也可以是图文、音频、短视频、Vlog 等多种形式。

(一)口述历史:融入城市记忆工程和非物质文化遗产项目

口述历史作为 20 世纪 80 年代才在中国兴起,20 世纪 90 年代尤其是 2000 年左右才在中国兴盛起来的一个研究领域,虽然在近十年已经成为研究热点,但其概念等基础理论尚在建构之中,因而,口述历史及与之相关的口述传统、口述档案三个概念的混淆与混用仍是当下的普遍情况。关于三者的区别与联系有以下几种代表性观点,一是口述传统更多属于人类学、民俗学研究范畴,而口述历史更多属于历史学研究范畴[2],以此类推,口述档案则属于档案及博物馆、图书情报与数字图书馆在内的图情档学科群。二是口述传统是过去的,口述历史是现代的,即 20 世纪 40 年代诞生于美国的现代口述历史,因为对录音、录像等新技术手段的运用而与过去的口述传统相区别[3],以此类推,口述档案则既有过去又有现代。三是强调口述传统是一种"文化表达",强调其"口口相传"的特征,而口述历史则是一种"行为活动",强调其是"社会调查"活动[4],口述档案则是"口述传统与口述历史的合称"[5]。此处旨在研究口述历史与城市之间的关系,关注点并不在口述历史及其相关概念的界定上,因而采用与以上几种观点中所提到的口述档案较为接近的但实践中习惯使用的最为广义的

---

[1] 杨利慧.重视市民在保护历史文化名城中的主体地位.前线,2018(05):84-85.
[2] 定宜庄.口述传统与口述历史.广西民族学院学报(哲学社会科学版),2003(03):2-5.
[3] 张燕.基于口述史的档案编研发展策略分析.山西档案,2010(05):19-21.
[4] 张锦.电影作为档案.北京:知识产权出版社,2011:382-385.
[5] 张锦.口述档案,口述传统与口述历史:概念的混淆及其成因.山西档案,2019(02):5-22.

口述历史的概念。

口述历史与城市之间的关系主要表现在融入城市记忆工程和非物质文化遗产项目中来讲述城市故事，尤其是当下的或者年代并不久远的平凡生活中的普通人的日常小事。

1. 融入物质文化遗产为主的城市记忆工程的口述历史

中国的城市记忆工程源于冯骥才为抢救天津老街而发起的历史文化考察与保护活动。因为近年来随着中国城市化进程的加快，虽然有针对从最高级别的世界文化遗产与世界文化和自然遗产，到国家重点文物保护单位，历史文化名城和中国历史文化名镇、名村，省级文物保护单位和历史文化街区、村镇，市级文物保护单位，县级文物保护单位等不同行政级别的这些以物质文化遗产为主的不可移动文物的对应的保护政策，但依然有许多包括以物质文化遗产为主的这些不可移动文物在内的城市面貌都在大规模的拆建之中迅速消失，城市的部分历史文化也随之消亡。为了保护城市的历史文化，2000年之后中国许多城市开始实施城市记忆工程。青岛市于2002年开始实施城市记忆工程，在国内率先形成了规模化的城市面貌档案库，接着，武汉市于2003年，广州市于2004年，上海市和长沙市于2005年，大连市于2006年，重庆市于2008年……陆续开始实施城市记忆工程。但是，与城市记忆工程发展较为成熟的美国相比，中国的城市记忆工程主要存在以下两方面的问题。一是中国的城市记忆工程的内容以有形的物质文化遗产为主，加上城市面貌的变化和重大工程项目引起的城市变迁，很少融入无形的城市市民和居民的故事；而美国城市记忆工程特别强调公众参与，注重记录当地历史文化和民众日常生活，鼓励当地居民上传资源或录制口述历史，突出"以人为本"的特色。二是中国的城市记忆工程的形式大多停留在拍摄、编撰等方面；而美国则包括图文、电子书、音频、视频等多种形式，其中相当部分的音频、视频都是口述历史和访谈形式[①]。

可见，中国的城市记忆工程要主动加大口述历史的比重。一方面，档案部门在拍摄、编撰城市记忆工程时，要融入城市居民所讲述的街区和建筑的历

---

① 韩若画，刘涛，范紫薇，刘珂凡，赵锐.国内外"记忆工程"实施现状综述.档案学通讯，2012（03）：14-18.

史，相关的人物故事等，这种社会记忆才会更好地丰富城市记忆工程[①]；另一方面，城市记忆工程的目标不只是记忆，还有传承，所以城市记忆工程不应被档案部门束之高阁，而应当借助口述历史的多种形式继续经由口口相传来传递。最终实现口述历史从输入到输出全面融入城市记忆工程，实现当下的或者年代并不久远的平凡生活中的普通人的日常小事与城市的持久的连接。

2. 融入城市非物质文化遗产项目中的口述历史

与物质文化遗产相对的是非物质文化遗产，如果说因为主导物质文化遗产为主的城市记忆工程的多为城市档案部门，所以口述历史与城市记忆工程的融入也大多停留在后台，那么因为非物质文化遗产其天然的展示性以及随之而来的参与性和互动性，非物质文化遗产传承人为代表的城市市民和居民天然地可以走到保护和展示城市非物质文化遗产的前台。

中国目前除入选联合国教科文组织人类非物质文化遗产名录的非物质文化遗产项目外，还制定"国家＋省＋市＋县"共四级保护体系，共有几千项非物质文化遗产项目。口述历史融入非物质文化遗产项目，大致可分为两大形式，一方面，非物质文化遗产项目本身就依靠口述，如《保护非物质文化遗产公约》中非物质文化遗产的第一类，即口头传统和表现形式，包括作为非物质文化遗产媒介的语言，以及《中华人民共和国非物质文化遗产法》中非物质文化遗产的第一类，即传统口头文学以及作为其载体的语言等；另一方面，那些不依靠口述的非物质文化遗产项目的传承人可以讲述非物质文化遗产相关的故事。前者接近于前文所说的口述传统，后者接近于前文所说的狭义的口述历史。

（二）口述历史的形式：从纪录片到播客、非虚构写作

前文提到口述历史的形式更加多元，传统的口述历史大多采用与纪录影像类似的视频形式的纪录片，而新媒体和社会化营销环境下，媒介形式日益丰富，口述历史不再必须依靠国家电视台这样专业的主流媒体以及专业的媒体人来记录，视频形式的纪录片外，当下发展的如火如荼的音频形式的播客，以及

---

① 朱强. 城市记忆工程抢救性拍摄. 中国档案，2014（08）：36-37.

近年来实践和研究都较多的图文形式的非虚构写作,因为专业门槛低,更多的普通人都可以参与其中,是能够带来更深入更持久的城市品牌关系的讲述城市日常故事的口述历史形式。

1. 音频播客形式的口述历史:传播亲密感与"湿货"或"私货"

播客,英文是 podcast,其词源离不开 iPod,而 iPod 只是一种最具代表性的 MP3 播放器,而 MP3 播放器则是 Walkman 发展进化的第四个阶段,Walkman 一词已被收入《牛津大辞典》,其中文翻译为"随身听"。最初的随身听、MP3 都是以下载和收听音乐为主,随着 2001 年苹果公司第一代 iPod 的推出和在美国的流行,在之后的几年内,音乐之外的叙述性音频内容开始逐渐发展。2004 年 2 月 12 日,一篇发表于英国《卫报》题为《听觉革命:在线广播遍地开花》的文章最早提到 Podcasting,2004 年 8 月 13 日 iPod 的发明者亚当·科利(Adam Clark Curry)开通了世界上第一个播客网站,他也因此被称为"播客之父",随后,整个互联网世界掀起了一场播客风暴。播客在中国的发展,最初借用博客的造词法而来,既是指人也是指新的媒介形式,后来才发展为不再指人,但其早期形式却很复合,主要有视频、音频、少量以 Video 格式出现的 Flash,甚至有些播客网站把博客也纳入其中,但随着创立于 2005 年的土豆网强调其视频播客的属性,成立于 2006 年的新浪播客频道不再强调播客概念,且两者先后于 2012 年之后转型和式微,播客开始逐步聚焦于音频这一形式。兴起于 2004 年的播客在 2007 年之后,一方面由于苹果推出 iPhone 之后因为在线视频、流媒体音乐等各种形式的移动互联网产品和服务高歌猛进而使得音频形式不再被关注,另一方面由于一直没有找到成熟的商业模式,其发展一度进入低谷。播客的再度崛起,在美国,得益于 2014 年美国全国公共电台(National Public Radio,简称 NPR)的播客节目 Serial 的大获成功,在中国,则与创立于 2012 年的懒人听书和创立于 2013 年的喜马拉雅 FM 等听书应用因"知识付费"的风口而获得大发展相关。

播客因其叙述性而被理解为"声音纪录片",因其音频形式而被理解为"独立电台",因其发展背景而被理解为"知识付费",但是,播客尤其是叙述性播客不同于纪录片、电台和知识付费的是其两大本质特征,一是亲密性,二是相对于所谓"干货"的"湿货"或"私货"。采用音频播客形式的老百姓讲述自己的故事的口述历史，一是拉近了讲述者和听众的距离，进而拉近了听众与讲述者所在城市的距离；二是不同于"干货"所起的加深人们对于城市认知的作用，"湿货"或"私货"加深的是人们对于城市的情感。

2. 图文非虚构写作形式的口述历史：拉近城市与内外受众三方距离

非虚构写作，英文是 non-fiction writing，20 世纪 60 年代兴起于美国，它是新新闻主义和非虚构小说二者融合的产物。近年来，非虚构写作在中国已经成为超出新闻界和文坛的热点，尤其在新媒体和社会化营销的环境下，非虚构写作的叙事主体早已超出专业的新闻工作者和专职作家，扩大化到城市生活中的普通人，另外，非虚构写作从其在美国诞生之初就具有"观照复杂的公共议题"[1]的特征，所以，非虚构写作形式的口述历史在连接城市市民和居民与城市外部受众之间一直扮演着重要的作用。

以非虚构写作的形式书写中国城市的首先是一批来自西方文化里的讲述者，他们在寻找和讲述中国故事时，首先对包括城市在内的空间"保持了高度的敏感与关注"[2]。何伟（英文名 Peter Hessler）所写的《江城》和《寻路中国》，史明智（英文名 Rob Schmitz）所写的《长乐路》，在书名的选择上即呈现了中国的城市，而梅英东（英文名 Michael Meyer）所写的《再会，老北京》，张彤禾（英文名 LeslieT. Chang）所写的《打工女孩：从乡村到城市的变动中国》更是进一步呈现了中国的城市的时代特征和景观符号。当下和未来，越来越多的城市市民和居民或只是作为讲述者，或进一步作为书写者，将其有关城市的口述历史以图文为主的非虚构形式呈现出来，不只拉近了自己与城市的距离，也可以拉近城市外部受众与城市及城市内部受众之间的距离。

三、小结：城市品牌关系发展的问题

城市品牌关系的打造在经历了传统媒体环境下的城市节庆、城市会展和城市赛事等城市活动营销尤其是大型活动营销的率先发展之后，已经开始转向新媒体和社会化营销环境下的城市事件和城市故事的 IP 化打造。但是，目前的

---

[1] 田香凝，刘沫潇. 新媒体时代非虚构写作的现状、问题与未来. 编辑之友，2019(08)：55-59.
[2] 李娟. 西方记者非虚构写作中的中国城市书写研究. 未来传播，2019，26(03)：14-20+109.

城市品牌关系 IP 化打造，基本还是直接以城市文化发展为目标的，这就存在一定的局限性，而对这一问题的解决，还要回到品牌概念内涵框架下。城市品牌关系是由城市品牌标识和城市品牌形象深化发展而来的，城市品牌关系的运营即城市文化的 IP 化也必须以城市品牌标识的打造即城市经济的网红化，以及城市品牌形象的设立即城市社会的人设化为基础。接下来本研究将在城市品牌标识网红化建议、城市品牌形象人设化建议和城市品牌关系 IP 化建议的基础上，系统梳理新媒体和社会化营销环境下城市品牌从网红到人设再到 IP 的逐步深化。

第五章
城市品牌塑造的新媒体化发展

通过第一章的梳理，传统媒体环境下，品牌概念的内涵从品牌标识到品牌形象再到品牌关系，是伴随着品牌概念的外延从物到人再到事，从经济到社会再到文化基本同步发展的。这个逐步深化的过程，在西方经历了从1955年到20世纪50年代末60年代初再到20世纪80年代约三十年的时间，在中国即便是去除改革开放后1978年至1992年的中国现代品牌研究的恢复与探索阶段，只算1993年至2008年的中国现代品牌研究的学习与成长阶段，以及2009年至2014年的中国现代品牌研究的融入与成型阶段，也至少经历了约二十年的时间。而2014年至今的新媒体和社会化营销环境下，实现了相对于西方现代品牌研究的具有自身特色的中国品牌研究的新发展，面对几乎同一时间涌现出来的网红、人设和IP这几个品牌的新形式，梳理清楚三者以及三者之间逐步深化的过程尚需时日。

第一章基于品牌概念的外延和内涵构建的城市品牌塑造模型中，有三组对应关系。一是从城市品牌标识到城市物的品牌，再到网红城市，进而到城市经济发展；二是从城市品牌形象到城市人的品牌，再到城市人设，进而到城市社会治理；三是从城市品牌关系到城市事的品牌，再到城市IP，进而到城市文化彰显。基于以上三组对应关系，第二章针对以物的范畴和经济发展为主的城市品牌标识，梳理了传统媒体环境下的象征性标识为主的发展，并顺应新媒体和社会化营销环境下城市品牌标识网红化的发展趋势提出了相应的建议。第三章针对以人的范畴和社会治理为主的城市品牌形象，梳理了传统媒体环境下的视觉形象为主的发展，并顺应新媒体和社会化营销环境下城市品牌形象人设化的发展趋势提出了相应的建议。第四章针对以事的范畴和彰显文化为主的城市品牌关系，梳理了传统媒体环境下的城市活动营销为主的发展，并顺应新媒体和社会化营销环境下城市品牌关系IP化的发展趋势提出了相应的建议。

综上，第一章在传统媒体环境下品牌概念深化发展的基础上提出了城市品牌在传统媒体环境下的从城市品牌标识到城市品牌形象再到城市品牌关系的深化发展，第二章、第三章、第四章又在此基础上分别完成了城市品牌标识、城市品牌形象和城市品牌关系从传统媒体到新媒体和社会化营销环境下的发展的分析，接下来，有必要再来分析城市品牌在新媒体和社会化营销环境下从网红城市到城市人设再到城市IP的发展。

传统媒体环境下城市品牌从城市品牌标识到城市品牌形象再到城市品牌关

系的发展，基本是直接套用了品牌概念的从品牌标识到品牌形象再到品牌关系的发展，与此不同的是，新媒体和社会化营销环境下的城市品牌的发展，不再只是对品牌发展的简单的直接套用，在品牌实践中一时间涌现出网红、人设和 IP 这几个品牌的新形式的同时，城市品牌实践中也基本同步涌现出了网红城市、城市人设和城市 IP 等城市品牌的新形式。网红城市、城市人设和城市 IP 既与网红、人设和 IP 一脉相承，也因城市这一主体有其独特之处。接下来本章通过分析网红城市和城市人设存在的问题，以及城市 IP 的未来发展，来展现城市品牌塑造的新媒体化发展。

第一节　网红与网红城市存在的问题

前文提到，出现于 2015 年的网红在经历了网络红人类型的多元化后，进一步发展为不再特指人，也包括网红经济推动的网红产品和抽象的社会现象等，网红城市也属此列。网红城市与网红一脉相承，所以网红存在的问题一般也会普遍存在于网红城市上，而网红城市存在的问题则是网红存在的问题在城市这一主体上的特殊表现。

一、网红存在的问题

前文提到，网红与品牌标识十分相似，一般是因某个符号化的爆点而迅速爆红，这就使得网红在传播时间和传播内容两方面存在问题。

一是传播时间方面，网红的迅速爆红也意味着其传播时间一般不长。回顾早期的网络红人，从第一代的网络文字时代红人到第二代的网络图文时代红人，如今大多早已消失在公众的视野之外；而第三代的网络宽频时代和移动时代红人，更是随着移动互联网技术的迭代升级和移动互联网平台的风起云涌而不断变换；再到网红经济推动的网络产品和抽象的社会现象等，更是随着整体的经济社会文化的发展而更快地不断变换。

二是传播内容方面，回顾早期的网络红人，从"芙蓉姐姐"到"凤姐"，大多为了迅速爆红而打造出迎合甚至调动受众的审丑心理的爆点，而近年来，一方面网络综合治理能力不断加强和网络生态环境不断净化，另一方面迎合甚至调动受众审丑心理的爆点不再适合被应用到网络产品和抽象的社会现象等网红的打造过程中，于是，替代审丑心理成为新的网红爆点的更多的是"草根"或"低龄"、"从众"或"猎奇"，甚至是"情绪宣泄"和"非理性"[①]等新奇特的内容，这些内容也存在着消费主义倾向，同质化甚至低质化的特点。

二、网红城市存在的问题

网红在传播时间和传播内容两方面存在的问题，对应到网红城市上，分别对城市的社会治理和文化彰显提出了挑战。

（一）网红传播时间方面的问题对城市社会治理的挑战

网红传播时间一般不长的问题对应到网红城市上，表现为短时间内大量游客涌入迅速爆红的网红城市对城市的社会治理提出了挑战。

首先，短时间涌入大量游客对城市的基础设施和公共服务都提出了挑战。在高德地图发布的《2019年Q2中国主要城市交通分析报告》中，网红城市重庆位列2019年第二季度"中国50个城市高峰拥堵延时"排行榜榜单第一名，就是一个鲜活的例子。

其次，如果城市的网红元素主要集中于单点的景观、景点或景区等空间内，短时间大量游客的涌入可能会对游客的旅游体验甚至是旅游安全带来影响。2019年国庆长假期间，在网红打卡地最密集的湖南省长沙市天心区超级文和友餐厅（海信广场店），单日预约排号高达2万桌，即便餐厅总面积达2万平方米，游客和食客在就餐高峰时仍然需要超长的就餐等待时间，这给游客和食客的就餐体验带来了较大的影响。2019年8月，湖北省恩施市鹤峰县一处未开发的峡谷景区因暴雨突发山洪导致多人死亡，而这起旅游安全事故的背

---

① 严俊，李昊泽.群体心理学视角下的"网红"现象分析.延边大学学报（社会科学版），2019，52（01）：129-136+145.

后，是因为这处未开发的峡谷"躲避峡"因其景色秀美神奇的照片在网络上被大量传播而成为享有"人间仙境"、"中国的仙本那"之称的网红景区，这使得当地村民和外地游客为了追捧网红趋之若鹜而不顾安全。

再次，游客的大量涌入还会对生态类型的网红元素的生态保护不利，甚至对生态造成不可逆的巨大影响。2018年10月，杭州滨江江边公园因种植一种颜色呈粉红色因而成片像粉红云雾一样而成为网红的粉黛乱子草而声名鹊起，游客的大量涌入和破坏使得公园内这些经过3年才长成的粉黛草在短短的3天时间内就全被毁坏。2018年8月，4名游客偷偷溜进甘肃省张掖市七彩丹霞地貌群区域七彩丹霞风景区之外的未开放区域，肆意踩踏并且拍摄视频上传到网上大肆炫耀"我破坏了6000年的（原始地貌）！给我点赞！"而被他们破坏的地貌需要60年才能恢复。

（二）网红传播内容方面的问题对城市文化彰显的挑战

网红传播内容容易同质化甚至低质化的问题对应到网红城市上，就是网红城市较难在迅速爆红过程中彰显其文化，也因其文化没有得到充分彰显而使得城市的网红生命周期一般较短，很容易过气。

城市成为网红，无论是抖音与头条指数、清华大学国家形象传播研究中心城市品牌研究室共同总结出来的 BGM（城市音乐）、Eating（本地饮食）、Scenery（景观景色）、Technology（科技感的设施）这四类更具辨识度的城市符号，还是重庆的洪崖洞夜景、穿楼穿塔轻轨，西安的摔碗酒、毛笔酥、不倒翁小姐姐等具体的网红元素，都存在着传播内容同质化甚至低质化的问题。下面就以产生网红城市较多的抖音短视频平台上网红城市的诞生过程为例，来看同质化甚至低质化的问题。

首先来看同质化问题。抖音的短视频形式使得其大力鼓励用户发掘城市中具有网红潜质的爆点；这些爆点配以平台特色的视觉效果和音乐效果等，视觉冲击力强，音乐或魔性或洗脑；这些短视频再吸引新的用户和受众去城市爆点打卡模仿，如此累积成为网红。用户和受众将实地体验与移动短视频结合，看似新潮，但是"网红打卡"不过是当下的年轻人借助移动短视频而采取的与这些年轻人所取笑的互联网和自媒体不发达时代的老一代的"到此一游"刻字和"上车睡觉、下车拍照"等旅游方式的新翻版，其本质仍旧是最浅层次的观光旅游。由于观光旅游较少挖掘和彰显城市文化，不仅配以平台特色的视觉效果和音乐效果的网红打卡的短视频是同质化的，不同城市之间的网红元素也会逐渐趋于同质化。

其次来看低质化问题。城市成为网红引得受众前来打卡，不只存在停留在浅层次观光旅游为主的问题，还存在更为严重的娱乐化倾向。根据艾瑞咨询数据显示，抖音用户的年龄层主要分布在35岁以下，其中24岁及以下占比25.84%，25~30岁占比29.48%，31~35岁占比24.93%，偏年轻化的用户对新鲜事物有着强烈的好奇心，这也使得他们更青睐娱乐化的内容。年轻的抖音用户到网红城市打卡，也许只是拍摄了重庆的洪崖洞夜景、穿楼穿塔轻轨等，却不能深度理解这些网红景观、建筑和设施背后的重庆人因为山城、江城的地理特征和潮湿闷热的气候特征而形成的火辣外向、豪爽耿直、吃苦耐劳的性格等等。从本质上讲，旅游应当是一种文化活动，娱乐化只是引发受众追捧一些城市品牌标识，却无法引发受众形成整体全面的城市品牌形象，更无法建立受众与城市的深入持久的品牌连接，更甚者，无法深度挖掘城市文化的娱乐化，"如果把握不好度"，反倒可能形成"印象偏差"[①]。

三、小结：网红城市的升级

一方面，众多城市纷纷加入网红城市的打造，这更说明进行网红城市打造的城市不只希望短期吸引游客，更寄希望于长期促进城市的经济发展；另一方面，当下网红城市的发展因短时间内涌入大量游客而对城市的社会治理和文化彰显都提出了挑战。所以，网红城市打造，不应当只关注城市经济发展，还应当关注城市社会治理和城市文化彰显，赋予网红城市以特定的人设，最终将城市品牌打造成一个IP。

---

① 王月. 抖音"网红城市"的形成机理及传播效果刍议——以西安、重庆为例. 西部学刊，2019（02）：103-106.

第二节　人设与城市人设存在的问题

前文提到，同网红一样，随着2016年开始出现的人设的泛化，人设也不再特指具体的人的设定，产品、企业和机构也要设立自己的人设，城市人设也属此列。城市人设与人设一脉相承，所以人设存在的问题一般也会普遍存在于城市人设上，而城市人设存在的问题则是人设存在的问题在城市这一主体上的特殊表现。

一、人设存在的问题

前文提到，早期的文学、漫画和游戏中的人设是由创作者自主设定的，影视作品里的人设是由创作者和表演者共同设定的，而当下所谓的人设则与消费者和生产者共同定位品牌形象如出一辙，是由粉丝和各类明星，受众和主体共同参与完成设立的，这就使得人设存在偶然性和被动性两方面问题。

一是偶然性问题，使得人设随时面临着崩塌的风险。有人以古代名人为例，巧妙地揭示了由于传播内容的偶然性而形成的人设与这些人设最终大概率要崩塌的关系，比如，写就"曾经沧海难为水，除却巫山不是云"而被贴上痴情之人标签的元稹不断上演始乱终弃的戏码；写就"锄禾日当午，汗滴禾下土"而被贴上勤俭标签的李绅却是挥霍无度之人；等等。当下某些明星因无心之举被贴上人设标签后而人设崩塌的例子更是比比皆是。

二是被动性问题，使得人设的持续性不足。因为由受众为主体设立的人设，往往只是满足受众一时的需求，不能反映主体的真正特色，一旦受众需求发生变化，不能反映主体真正特色的人设就很难持续下去。

二、城市人设存在的问题

人设存在的偶然性和被动性两方面的问题，对前文城市人设化发展中提到的城市品牌行为形象中的城市人性化社会治理，以及城市品牌理念形象中的城市人格化塑造，提出了新的要求。

（一）人设的偶然性要求城市人性化社会治理的常态化

前文以近几年频繁上演的城市抢人大战和备受误读的所谓城市清理低端产业人口争议为例，分析了城市的人性化的社会治理。因为经济发展要求城市抢的是各层次人才，社会发展要求城市抢的是所有年轻人，而城市发展要求城市抢的是所有的人口，所以，所谓的城市清理低端产业以及低端产业人口既无必要也不成立。不仅抢人才而且抢人口的城市一方面要以人性化留下引来的人，另一方面要以人性化让城市人口发展好。但是，城市的人性化的社会治理不应当只是体现在以人性化赢得抢人大战和保障低端产业人口尊严方面，城市的人性化应当渗透于城市社会治理的方方面面和时时刻刻。只有实现城市人性化社会治理的常态化，才能避免城市人性化的人设如同古代名人或当下明星那些偶然性的人设一样面临崩塌的风险。

（二）人设的被动性要求城市人格化性格塑造的系统化

前文提到，面对当下的新媒体和社会化营销环境，面对当下的更加频繁的人口流动，地域歧视中的弱势地域一方面可以通过全民参与自下而上的新媒体传播方式，另一方面可以通过招徕更多受众来本地旅游和亲身感受的方式，扭转地域被歧视的现状。而更多的城市可以通过以上两种方式，防止形成新的地域歧视。最终，各个城市塑造出自己城市的正面城市性格。全民参与自下而上与招徕更多受众来本地并不意味着城市设立人设可以各自为政，事实上，越是自下而上、越是点状招徕，越需要城市政府和管理者在城市设立人设的过程中发挥更大的主体性作用，不仅对内主导，而且对外变被动由受众为城市设立人设为主动能动地引导受众为城市设立人设。

被动由受众为城市设立人设，与一般人设一样，也会面临人设的持续性不足问题。

持续性不足有两方面的原因，一是如前文提到的《中国城市性格：中国最具性格魅力的20大城市》和《中国城市人性格地图》两本书中城市性格的研究，有些静态的描述是基于对部分城市的刻板印象，而仅有极小一部分的地域刻板印象是对城市的美化或不置褒贬的误读或是无伤大雅的玩笑，大多数地域刻板印象积累到一定程度就会发展成地域歧视，也就是说，即便没有地域歧视，受众设立的人设也难免基于刻板印象，无法反映城市的现在和未来，无法反映城市的特色。

二是主流受众在变，城市主体必须积极以新的传播方式引导新的主流受众，才能使得城市人设具备持续性。目前多数城市依旧沿用城市代言人或拟人化的城市吉祥物来塑造城市人格化性格，殊不知当下的主流的80后、90后甚至00后受众早已将关注的目光从传统电视媒体为主传播的城市代言人、城市吉祥物和城市形象片转移到移动互联网下的短视频平台为主传播的短视频、综艺、动漫等新的传播方式上，文学、电影等在移动互联网环境下也对设立城市人设发挥了不同于以往的作用。除了前文提到的塑造东北人格化性格的从《东北人都是活雷锋》到《野狼disco》等歌曲，被B站网友重新剪辑的《乡村爱情》和《马大帅》等电视剧中的角色和故事，以及阳春白雪的文学作品和电影作品之外，动漫、综艺等移动互联网的传播方式正在日益增多。如，有动漫网站2011年连载了名为《中国城市拟人化》的漫画作品，漫画中主要为中国13座城市设立人设并讲述了彼此之间发生的故事，其中比如北京被设定为年龄18岁身高184cm正在读高三的学生会会长，并且为其设置了家庭背景、性格特征等等。互联网上还有将中国城市比作娱乐圈的男团或女团，讨论其中各个城市在其中的角色。还有人将美国各大城市人格化之后，模仿各大城市发布微信朋友圈内容并在下方配以其他城市作为好友的评论等等。

所以，城市作为城市人设的主体，一方面要主导选择城市的特色用以设立城市的人设，另一方面要在各种新的传播方式上发挥城市的主导作用，从内容到渠道，主动能动地实现城市人格化性格塑造的系统化。

三、小结：城市人设的升级

除了代言人、吉祥物为主的城市品牌视觉形象外，城市人设既是包括城市普通市民和居民在内的城市相关的人的行为的集中体现，也是这座城市的理念的集中体现，可见，与城市打造网红重点关注经济效益不同，城市人设设立重点关注城市的社会治理。而要实现城市人性化社会治理的常态化，必须依靠背后的更为底层的制度文化；要实现城市人格化性格塑造的系统化，必须挖掘城市深层的特色文化，对应常变常新的不同传播方式将城市特色文化进行多种形式的传播。总之，城市人设设立不应当只关注城市的社会治理，还应当关注社会治理底层的制度文化和社会治理深层的城市特色文化，最终将城市品牌打造成一个IP。

第三节　城市IP的未来发展

不论是主要关注城市经济发展的网红城市打造，还是主要关注城市社会治理的城市人设设立，其终极目标都是要发展成能够彰显城市文化的城市IP，接下来本节将分析与城市品牌相对应的城市IP的未来发展。

一、品牌与IP

前文已经梳理了传统媒体环境下从品牌标识到品牌形象再到品牌关系三者的逐步深化与新媒体和社会化营销环境下从网红到人设再到IP三者的逐步深化是相对应的，也就是说，从概念内涵看，IP是新媒体和社会化营销环境下品牌的新形式。为了更进一步地将IP与品牌二者更为合理地应用到城市这一主体之上；本节再从源头和概念外延两方面更为充分地分析二者之间的联系与区别。

（一）知识产权：品牌与IP和而不同的源头

一方面，前文提到IP虽是Intellectual Property的简称，但又不简单等同于知识产权或版权；另一方面，品牌与知识产权尤其是其中的商标和专利关系紧密。下面就从Intellectual Property即知识产权说起，分析IP怎样从知识产权中的版权开始发展，品牌与知识产权尤其是其中的商标和专利又有怎样的关系。

国际上，17世纪后，商标、专利和版权制度雏形都已各自出现，其中，与商标、专利和工业设计有关的权利被称为"工业产权", Intellectual Property 则专用以指文学艺术产权(即版权)。直到 20 世纪 50 年代, Intellectual Property 开始既包括版权也包括商标和专利,但 Intellectual Property 一词的使用仍旧较少,人们仍习惯单独提及商标、专利和版权,并且仍习惯将商标和专利归在一起,而将版权单独提及。直到 20 世纪 80 年代以后,经济全球化背景下, Intellectual Property 成为国际竞争的重要砝码,在大公司的推动下开始大行其道。① 中国知识产权的发展同国际上一样,也是从商标、专利再到版权逐步发展的,这个过程可以从改革开放后三者所对应的专门的政府管理机构的成立和专门的法律的颁布和施行时间体现出来。1978 年国家工商行政管理总局成立,下设商标局,1982 年 8 月 23 日《中华人民共和国商标法》正式公布并自 1983 年 3 月 1 日起施行。1980 年国家专利局成立,1984 年 3 月 12 日《中华人民共和国专利法》正式公布并自同年 4 月 1 日起开始施行。1985 年国务院同意文化部设立国家版权局,决定将文化部原出版局改称国家出版局,国家出版局与国家版权局为一个机构、两块牌子,1990 年 9 月 7 日《中华人民共和国著作权法》正式公布并自 1991 年 6 月 1 日起施行。综上,中国的知识产权和国际上的 Intellectual Property 一样,包括先后发展起来的工业产权和文学艺术产权,工业产权主要包括先后发展起来的商标和专利,文学艺术产权主要指版权,也称著作权,因而,知识产权主要包括商标、专利和版权。

虽然知识产权包括商标、专利和版权三部分,但中国目前所谓的 IP 热中的 IP 更多是围绕知识产权中的版权展开的。虽然 IP 研究主要围绕版权,但是,因为文学艺术本身的无形性使得版权本就是个极其复杂的问题,加之中国文化事业尤其是其中的传媒产业性质确立较晚,② 使得文学艺术版权发展较慢,更甚的是 IP 主要围绕的版权又以更为复杂更为多变的网络文学③等互联网版权为主,因而,目前的 IP 研究大多不是纠结于法律视角的版权本身进行研究,而基本只是以版权为载体,对相关产业进行商业视角的研究。不过,目前这些研究都尚未触及 IP 的基础研究,若想使得这些研究能够深入系统,其前提是学

---

① 裘安曼.从 IP 的中文翻译说开去.知识产权,2010,20(05):65-70.
② 庄琴芳.知识产权保护与打造传媒品牌竞争力.现代传播(中国传媒大学学报),2006(01):146-148.
③ 肖映萱.数据库时代的网络写作:如何重新定义"抄袭"?.文艺理论与批评,2017(03):134-142.

术界尽早形成对 IP 的基础研究。

　　IP 研究较少涉足商标和专利研究，一方面缘于 IP 研究时间较短，其核心部分，版权的研究还有较大空间；另一方面更缘于，相较于无形文化层面的版权，有形产品层面的商标和专利研究，其实早已在品牌发展中得以体现。并且，因为满足功能性需求的物质生产发展早于满足精神需求的文学艺术生产，与 IP 载体版权发展相对落后相对应的是，品牌载体商标和专利发展却相对成熟。但是，就像 IP 不等于版权一样，品牌也不等于商标和专利。在品牌研究和实践早期，即品牌标识阶段，商标曾经与品牌被混为一谈，专利支撑的产品也是品牌标识的核心，但随着品牌研究和实践的深化，品牌形象和品牌关系阶段，商标和专利在品牌中所起的作用虽然仍旧无法被取代，但也越来越基础。

　　虽然 IP 从版权起源但是会越走越远，品牌从商标和专利开始已经越走越远，但是，因为 IP 和品牌有着版权、商标和专利同样隶属于的知识产权这一和而不同的源头，二者之间的联系将会一直贯穿于二者各自的发展过程中。

（二）物、人、事；经济、社会、文化；城：品牌与 IP 的交叉外延

　　前文将品牌概念的外延概括为物、人和事这一具体的基础维度，还有经济、社会和文化这一抽象的派生维度，以及既是由物、人和事的基础维度构成，又是由经济、社会和文化的派生维度构成的城这一特别维度，即以城市品牌为代表的区域品牌。IP 同品牌一样，其概念外延也包括以上三个维度。

　　下面先来看品牌和 IP 的前两个维度，从前两个维度看，IP 与品牌的概念外延发展的先后顺序和侧重点却不尽相同。从前文品牌概念外延的梳理可以看出，品牌的外延，具体的基础维度的发展顺序是从物到人再到事，抽象的派生维度也是相应地从经济到社会再到文化。而 IP，虽然其早期发展阶段的网红和人设概念的外延在具体的基础维度主要是从人开始的，但是深化发展的 IP 概念的外延，具体的基础维度则是从事到人再到物，抽象的派生维度则是相应地从文化到社会再到经济。

　　而由物、人和事的基础维度以及经济、社会和文化的派生维度构成的城这一特别维度，既是品牌概念外延的特别维度，也是 IP 概念外延的特别维度，下文将对其进行单独分析。

(三) 品牌到 IP、IP 到品牌：二者的融合发展

因为品牌是从有形的物和经济发展方面开始的，即便其后期延伸至人和事，侧重点也多在有形方面，即便其后期延伸至社会和文化，侧重点也多延续经济方面的惯性思维。所以传统的品牌在自身发展的同时，一方面可以通过拟人化、人性化和人格化等方式自生 IP 来完善自己，另一方面可借势其他成熟 IP 来营销自己。

而因为 IP 的概念是从无形的事和文化方面开始的，其延伸和扩展空间更为广阔。所以 IP 在自身发展的同时，一方面可以通过与已有品牌合作以营销品牌来运营自己，另一方面可以依托自身衍生出新的品牌来运营自己。

二、城市品牌与城市 IP

城市品牌因其以品牌为基础，所以其侧重点首先是物和经济，然后才是人和社会，最后才是事和文化；而城市 IP 因其以 IP 为基础，所以其侧重点首先是事和文化，然后才是人和社会，最后才是物和经济。

前文提到品牌概念外延的特别维度城的品牌，其中城市品牌是其典型代表。城市品牌有两条发展路径，第一条路径即城市品牌主要依托微观的有形的产品品牌、企业品牌和产业品牌等城市经济方面的品牌，第二条路径即城市品牌主要依托宏观的抽象的城市社会品牌和城市文化品牌。当下，城市品牌的发展越来越从第一条路径向第二条路径转换，而相较于第一条路经，第二条路径则更接近于城市 IP 的发展。

以城市品牌概念的外延类推，再结合 IP 概念的外延，城市 IP 也有两条发展路径。第一条路径即城市 IP 主要依托微观的具体的 IP，包括出版、影视、动漫、游戏等作品中与城市有关的部分，以及与城市有关的传媒产业、内容产业、娱乐产业、文化创意产业等更为宽泛的产业中的 IP。第二条路径即城市 IP 主要依托宏观的抽象的城市本身的 IP，主要是抽象的城市社会和文化方面的 IP。

城市品牌与城市 IP 的融合发展，一是第一条路径的互补发展，即在城市微观品牌率先发展的前提下，在物质消费需求日益让位于精神消费需求的当

下,加快发展城市微观 IP,即加大城市文化产品和文化创意产业的发展力度。二是第二条路径的升级发展,即在早期侧重发展城市品牌的前提下,在物质消费需求日益让位于精神消费需求的当下,将城市品牌升级为城市 IP,即在城市经济发展和硬件建设基础上更多强化城市的软件建设,即社会治理和文化彰显。

三、城市 IP 的未来发展

理清了品牌与 IP、城市品牌与城市 IP 的关系之后,城市 IP 的未来发展路径也基本呈现出来了,即在打造经济发展为主的城市网红元素和设立社会治理为主的城市人设的基础上,挖掘城市文化,彰显城市文化,通过城市微观 IP 的"一次生产,多次开发"逐步实现城市宏观 IP 的发展,通过城市 IP 的运营,使得城市在经济发展和社会治理中既叫座又叫好的状况下得以彰显文化。

结 语

本研究围绕城市品牌塑造这一主题，首先构建了具有整体系统性和内在逻辑性的城市品牌塑造模型，然后以丰富和充分的应用研究对模型涉及到的城市品牌塑造的各部分内容进行了详细分析，验证了模型的合理性。城市品牌塑造模型从构建到具体研究，既有创新，也有不足，更是为未来的研究提出了更多的研究方向。

第一节 结论及创新

本研究的主题是城市品牌塑造，研究目的是构建城市品牌塑造模型并以具体研究加以验证。结论及创新点则分别体现在城市品牌塑造模型的构建，以及其中新媒体化的具体建议部分。

一、构建塑造模型：回归理论原点，紧随实践热点

回归品牌概念从品牌标识到品牌形象再到品牌关系的理论原点，紧随实践发展新出现的品牌新形式的从网红到人设再到IP的热点，构建城市品牌塑造模型。

城市品牌标识主要包括城市品牌象征性标识、城市品牌景观性标识和城市品牌文化性标识三部分，三者对应的具体外延主要是城市的物。传统媒体环境下，城市品牌象征性标识发展比较充分，新媒体和社会化营销环境下，已有城市品牌标识开始网红化，未来，城市品牌标识网红化成为必然，城市品牌标识的网红化主要对应的是城市品牌的抽象外延中的经济。城市品牌形象主要包括城市品牌视觉形象、城市品牌行为形象和城市品牌理念形象三部分，三者对应的具体外延主要是城市的人。传统媒体环境下，城市品牌视觉形象发展比较充分，新媒体和社会化营销环境下，已有城市品牌形象开始人设化，未来，城市品牌形象人设化成为必然，城市品牌形象的人设化主要对应的是城市品牌的抽象外延中的社会。城市品牌关系主要包括城市品牌活动营销、城市品牌事件营

销和城市品牌故事营销，三者对应的具体外延主要是城市的事。传统媒体环境下，城市活动营销发展比较充分，新媒体和社会化营销环境下，已有城市活动、事件和故事开始 IP 化，未来，城市品牌关系 IP 化成为必然，城市品牌关系的 IP 化主要对应的是城市品牌的抽象外延中的文化。

二、提出系统建议：网红化、人设化、IP 化

本研究分别提出了城市品牌标识网红化、城市品牌形象人设化和城市品牌关系 IP 化的相对系统的建议。

首先，城市品牌标识的网红化，尤其是其中的景观性标识和文化性标识的网红化是一个空间上从点线面到体，时间上白天加夜晚和节假日到平日、淡季也变旺季，感知上从单向塑造和传播视觉信息到互动塑造和传播视觉、听觉、嗅觉、触觉、味觉等信息的系统。而点线面体全空间，白加黑 24 小时、节假日加平日 365 天、旺季加淡季四季，视觉加听觉、嗅觉、触觉、味觉五感，以上这些"时空征服"和"感知重组"的网红化打造，将不只丰富外来旅游者的"行"、"住"、"游"方面的体验，还会提升外来旅游者以及本地居民的"食"、"购"、"娱"，甚至"商、养、学、闲、情、奇"等方面的体验。

其次，城市品牌标识网红化发展的空间层面上从点线面到体，时间层面上白天加夜晚和节假日到平日、淡季也变旺季，感知层面上从单向塑造和传播视觉信息到互动塑造和传播视觉、听觉、嗅觉、触觉、味觉等信息的系统，同样适用于城市品牌形象即城市围绕人的社会方面的品牌的人设化发展。也就是说，城市从政府和管理者到市民和居民，所有人的行为形象和理念形象以及在此基础上的城市人设化的设立，都可以围绕以上几个层面全方位展开。

再次，城市品牌关系塑造的空间层面，城市品牌关系塑造必须围绕城市的点、线、面到体全空间进行。城市品牌关系塑造的时间层面，城市品牌关系塑造必须围绕城市的白加黑 24 小时、节假日加平日 365 天、旺季加淡季四季的全时间进行。

第二节　不足与展望

本研究基于品牌研究与实践和城市实践与研究来研究城市品牌的塑造模型，这个模型只是一个基础模型，未来，从品牌、城市到城市品牌，再到城市品牌塑造，城市品牌塑造模型，每个层次都有更多的研究可能。

一、品牌层次的研究展望

品牌理论丛林枝繁叶茂，本研究只抽取了品牌研究的核心，即品牌概念的外延和内涵部分，尤其是从品牌标识到品牌形象再到品牌关系的内涵，用以构建城市品牌塑造模型。未来，随着城市品牌研究的全面展开，已有的成熟的品牌研究的成果都可以经过适当调整而应用于城市品牌研究之上。

网红、人设和IP被本研究创新性地解读为品牌在新媒体和社会化营销环境下的新形式，但是，网红、人设和IP本身还应当有更广阔的研究空间。未来，随着网红、人设和IP研究的深化，其成果可以更广阔更多角度地应用于城市品牌研究之上。

网红、人设和IP分别与品牌概念内涵的品牌标识、品牌形象和品牌关系相对应，目前的研究还很粗浅。未来，一方面随着更多成熟的品牌研究成果被挖掘，另一方面随着网红、人设和IP研究的深化，两组概念之间的对应关系也应当得到更为系统的研究。

二、城市层次的研究展望

本研究中的城市品牌，是品牌概念外延的城的品牌的典型代表，这里的城市还是一个泛指，可以沿着以下几个方面细化和深化。

一是城市品牌研究在各层级城市上的细化和深化。凯文·莱恩·凯勒提出的"地理区域品牌"，菲利普·科特勒提出的"地点品牌"，在中国，对应有城市品牌、国家品牌、地区品牌、区域品牌、目的地品牌等。本研究中的城市品牌，其实是代表了以上各层级的共性，未来，可以在以上各层级各自的个性方面进行细化和深化研究。另外，以上各层级的列举也说明了本研究中的城市品牌，其中的城市不是与乡村对应的城市概念，所以，广义上，乡村品牌也可以在城市品牌研究的共性之上进行细化和深化。

二是城市品牌研究在各类型城市上的细化和深化。各层级城市，以中国为例，县级市、地级市、省会城市、直辖市等，既是不同层级的城市，也可以理解为是不同类型的城市。除了层级类型之外，城市在人口规模、地理位置、功能、作用范围、空间分布等方面也可以被划分为不同的类型。既然城市品牌研究可以在各层级城市上进行细化和深化，那么，各类型城市也可以在城市品牌研究的共性基础上进行细化和深化。这其中，旅游城市品牌，因其与城市品牌的紧密联系，最值得被重点研究。

三是城市品牌研究在城市各主体上的细化和深化。研究城市品牌时，大多数只提到了城市这一泛指的主体，只偶尔具体到城市政府和管理者，城市市民和居民这样的主体。未来，随着城市品牌研究在外部各层级和各类型城市之间实现细化和深化的同时，内部也应当具体在城市政府各部门、城市政府以外的其他组织、城市某类型市民和居民等等之间进行细化和深化。这其中，因为与城市品牌的紧密关系，城市文旅行政主管部门为主体的城市旅游品牌常常被重点研究。

三、城市品牌层次的研究展望

城市品牌，其中心词是品牌，其主体是城市，品牌和城市本身都不是一个孤立的概念，二者分别隶属于更广阔的系统，城市品牌也是如此。

一方面，从品牌方面向上追溯，研究城市品牌，绕不开对于城市品牌与城市营销、城市传播之间的联系与区别的研究。

另一方面，从城市方面向上追溯，研究城市品牌，绕不开对于城市品牌与城市规划、城市品牌与城市经营、城市品牌与城市竞争力和城市软实力之间的联系与区别的研究。

四、城市品牌塑造层次的研究展望

前文提到，在城市品牌建设、塑造与传播三者之间，城市品牌塑造一边以城市品牌的建设作为基础，一边又作为城市品牌传播的基础，城市品牌建设、城市品牌塑造与城市品牌传播一方面是有所区别的前后相继的三个步骤，另一方面又有着难以区分的联系。在本研究中，城市品牌标识从象征性到景观性和文化性的发展，一定程度上就是城市品牌塑造向城市品牌建设的延伸；城市品牌形象从视觉形象到行为形象和理念形象的发展，一定程度上就是城市品牌塑造向城市品牌传播的延伸；城市品牌关系中的活动营销，一定程度上就是城市品牌建设、城市品牌塑造与城市品牌传播的融合，而从活动营销到事件营销和故事营销的发展，更是将这种融合放大。

所以，在研究城市品牌塑造的过程中，对城市品牌建设与城市品牌传播或多或少也有所涉及，未来，随着城市品牌塑造研究的发展，应当尽早进行城市品牌塑造与城市品牌建设、城市品牌传播之间的联系与区别的研究。

五、城市品牌塑造模型层次的研究展望

本研究通过第一章即构建了城市品牌塑造模型，经过二三四章的分析验证了该模型的合理性之后，第五章又对这个模型的新媒体化进行了补充和提升，进一步完整验证和完善了该模型。但是二三四章大量篇幅的研究，不管是历史回顾还是发展建议，都采用的是例举的方式。未来，一方面要进一步验证所选例子的代表性，并对所选例子进行更深入的研究；另一方面要通过整体系统性和内在逻辑性两个角度补充和完善例子，甚至达到构建城市品牌塑造指标体系的理想目标。

参考文献

1. Kevin Lynch. The Image of the City. Massachusetts：The MIT Press，1960.

2.［美］迈克尔·波特．国家竞争优势．李明轩，邱如美译．北京：中信出版社，2007.

3. 倪鹏飞．中国城市竞争力报告（NO.17）：住房，关系国与家．北京：中国社会科学出版社，2019.

4. 沈骥如．不能忽视增强我国的"软实力"．瞭望新闻周刊，1999（41）：12-13.

5. 庄德林，杨颖．城市软实力建设热潮下的冷思考．云南社会科学，2010（02）：96-101.

6. Philip Kotler，Donald Haider，Irving Rein. Marketing Places：Attracting Investment，Industry，and Tourism to Cities，States and Nations. NewYork：The Free Press，1993，19-20.

7. G J Ashworth，H Voogd. Marketing the City：Concepts，Processes and Dutch Applications.Town Planning Review，1988，59（01）：65-79.

8. 王山河，陈烈．西方城市营销理论研究进展．经济地理，2008（01）：100-104.

9. 王国平．南宋的历史贡献与杭州的城市品牌建设．中共中央党校学报，2008（05）：96-103.

10. 施春来．基于国际化视野的城市品牌建设的思考——瑞士巴塞尔（Basel）城市品牌运作的启示．福建论坛（人文社会科学版），2014（07）：31-35.

11. 马肇国，席亚健，薛浩，何平香.体育与城市文化品牌建设的互动效应和风险管理.北京体育大学学报，2018，41（12）：64-72.

12. 刘文俭.省域文化品牌建设的思路与对策——以山东为例.北京行政学院学报，2010（04）：1-5.

13. 赵立波.关于青岛蓝色文化品牌建设的思考.中国海洋大学学报（社会科学版），2013（02）：91-95.

14. 刘晓华.产业融合视角下延安民俗旅游品牌建设研究.宏观经济管理，2017（S1）：10-11.

15. 王超，张振龙.后二青会时代对太原市城市品牌塑造的影响研究.体育科技文献通报，2020，28（02）：100-102.

16. 王伟，杨婷，罗磊.大型城市事件对城市品牌影响效用的测度与挖掘——以上海世博会为例.城市发展研究，2014，21（07）：64-73.

17. 张晓凤.户外广告对城市品牌形象建设的价值和思路.传播与版权，2018（07）：84-86.

18. 胡鸿影.基于微博模式的城市品牌营销.学术交流，2013（11）：222-225.

19. 王建彦，孙宜君.论大数据在城市品牌形象传播中的运用.现代传播（中国传媒大学学报），2015，37（05）：102-104.

20. 陈建新，姜海.试论城市品牌.宁波大学学报（人文科学版），2004，（02）：77-81.

21. 孙丽辉，史晓飞.我国城市品牌产生背景及理论溯源.中国行政管理，2005（08）：52-54.

22. 孙湘明，徐皎.城市品牌识别探析.国外建材科技，2005（04）：164-166.

23. 黄志华.论城市品牌与商品品牌的联系与区别.包装工程，2005（04）：209-216.

24. 樊传果.有效提升城市品牌形象的传播手段.传媒观察，2006（09）：34-36.

25. 白长虹，郝胜宇.顾客视角的城市品牌.北大商业评论，2007（05）：28-32.

26. 孙利昌. 系统观在城市品牌化中的折射. 企业研究, 2005（06）: 45-47.

27. 李小霞. 试论城市品牌与城市形象塑造. 沈阳大学学报, 2008（05）: 53-56+60.

28. 李海婴, 翟运开. 论城市品牌化. 城市管理, 2004（03）: 7-10.

29. 柏杨. 中国城市品牌塑造的理论与实践初探［硕士学位论文］. 武汉大学. 2004.

30. 陈景新, 阎茉秋, 刘炜. 关于打造城市品牌的战略思考. 工业技术经济, 2005（03）: 34-35.

31. 杜青龙. 中国城市品牌理论研究与实证分析［硕士学位论文］. 西南交通大学, 2004.

32. 孙丽辉, 史晓飞. 我国城市品牌产生背景及理论溯源. 中国行政管理, 2005（08）: 52-54.

33. 胡晓云, 章喆, 郑玲玲, 柳絮青, 车欢达, 马鹏, 何徐麒. 城市品牌的界定探析. 广告大观（理论版）, 2008（06）: 80-85.

34. ［美］西蒙·安霍尔特. 铸造国家、城市和地区的品牌: 竞争优势识别系统. 葛岩, 卢杰, 何俊涛译. 上海: 上海交通大学出版社, 2010.

35. 刘彦平. 中国城市营销发展报告（2018）: 创新推动高质量发展. 北京: 中国社会科学出版社, 2019.

36. ［美］凯文·莱恩·凯勒. 战略品牌管理［第4版］. 吴水龙, 何云译. 北京: 中国人民大学出版社, 2014.

37. 刘建梅. 城市品牌成长机理与培育路径研究——以"科技北京"品牌建设为例. 城市发展研究, 2012, 19（09）: 129-131.

38. 赖明勇, 周玉波. 国内外城市品牌建设模式差异研究. 求索, 2011（08）: 87-88+160.

39. 陈晔. 我国城市品牌建设的战略思维与策略建议. 现代管理科学, 2010（08）: 96-98.

40. 胡金林. 系统论与城市品牌建设. 湖北社会科学, 2009（07）: 99-102.

41. 王国平. 南宋的历史贡献与杭州的城市品牌建设. 中共中央党校学报, 2008（05）: 96-103.

42. 郝胜宇，白长虹. 从顾客视角建设城市品牌. 城市发展研究，2008（01）：60-67.

43. 武锦桓. 视觉传达设计在塑造城市品牌形象上的作用. 大众标准化，2019（18）：49+51.

44. 王娥，陶宗华. 城市品牌塑造中合肥旅游网站的构架研究. 品牌研究，2019（16）：95-96.

45. 杨燊，陈云燕，董志鹏. 基于 CIS 理论的城市品牌塑造模型研究. 现代商贸工业，2019，40（26）：73-74.

46. 周泓智. 卡通——城市品牌形象塑造与传播的新思路. 大众文艺，2019（13）：247-248.

47. 周月容. 基于态度理论视角的大型赛事塑造城市品牌策略研究. 汉江师范学院学报，2019，39（03）：33-42.

48. 吴福珍. 广州城市品牌形象塑造——地铁公共艺术研究. 文化创新比较研究，2019，3（07）：43-44.

49. 孙晓魅. 基于"5W"模式的青岛城市品牌传播过程要素分析. 视听，2020（02）：214-215.

50. 杨清波，周燕飞. 城市品牌构建及传播研究——以重庆媒体"逐梦他乡重庆人"人物故事寻访为例. 传媒，2018（01）：85-87.

51. 杜欣. VR 技术给城市品牌传播提供的新视角. 青年记者，2017（02）：110-111.

52. 王建彦，孙宜君. 论大数据在城市品牌形象传播中的运用. 现代传播（中国传媒大学学报），2015，37（05）：102-104.

53. 陈奕，黎俊. "媒介事件"视角下的城市品牌传播——以"大武汉"形象的重塑为例. 青年记者，2014（14）：13-14.

54. 黄良奇. 城市元素与城市品牌形象的互动传播机制. 中国广播电视学刊，2016（02）：66-69.

55. 黄维，聂晓梅. 营销视野下的品牌形象识别理论发展轨迹. 装饰，2012（07）：72-73.

56. Dowling G.R. Managing Your Corporate Images. Industrial Marketing Management，1986，Vol.15.

57. Keller, K.L, D R Lehmann. Brands and Branding: Research Findings and Future Priorities. Marketing Science, 2006, 25 (06): 740-759.

58. 卢泰宏, 吴水龙, 朱辉煌, 何云. 品牌理论里程碑探析. 外国经济与管理, 2009, 31 (01): 32-42.

59. [美] 凯文·莱恩·凯勒. 战略品牌管理 [第4版]. 吴水龙, 何云译. 北京: 中国人民大学出版社, 2014, 10-20.

60. [美] 菲利普·科特勒, 加里·阿姆斯特朗. 市场营销: 原理与实践 (第16版). 楼尊译. 北京: 中国人民大学出版社, 2015, 229-234.

61. 张锐, 张燚, 周敏. 论品牌的内涵与外延. 管理学报, 2010, 7 (01): 147-158.

62. [美] 凯文·莱恩·凯勒. 战略品牌管理 [第4版]. 吴水龙, 何云译. 北京: 中国人民大学出版社, 2014, 10-15.

63. [美] 凯文·莱恩·凯勒. 战略品牌管理 [第4版]. 吴水龙, 何云译. 北京: 中国人民大学出版社, 2014, 16-20.

64. 张俊. IP在文化产业链中的价值流动规律研究. 科技与出版, 2017 (01): 104-108.

65. 朱红亮. 品牌概念的发展嬗变. 西北师大学报 (社会科学版), 2009, 46 (04): 118-120.

66. [美] 凯文·莱恩·凯勒. 战略品牌管理 [第4版]. 吴水龙, 何云译. 北京: 中国人民大学出版社, 2014, 4.

67. [美] 菲利普·科特勒, 加里·阿姆斯特朗. 市场营销: 原理与实践 (第16版). 楼尊译. 北京: 中国人民大学出版社, 2015, 234.

68. 陶晓红. 品牌文化是品牌力的重要依托. 管理现代化, 2003 (02): 27-29.

69. [美] 艾尔·里斯, 杰克·特劳特. 定位. 邓德隆, 火华强译. 北京: 机械工业出版社, 2018.

70. [美] 唐·舒尔茨, 海蒂·舒尔茨. 唐·舒尔茨论品牌. 高增安, 赵红译. 北京: 人民邮电出版社, 2005, 83.

71. 孙婧, 王新新. 网红与网红经济——基于名人理论的评析. 外国经济与管理, 2019, 41 (04): 18-30.

72. 蔺伟."人设",你真的懂吗?.语言文字报,2019-01-30(003).

73. 张慧喆.符号的进击:解读互联网语境下的几种电视热点现象.当代电视,2018(08):93-95.

74. 张慧芳.在IP运营中:出版只发现、创造、推广并引爆核心价值.中国出版,2016(15):51-53.

75. 本刊记者.关于IP与IP跨界运营若干问题的探讨.编辑之友,2019(01):10-19.

76. 董妍.IP内容营销优势及本质探析——基于受众沉浸体验的跨界粉丝聚集效应.当代传播,2016(05):68-70.

77. 胡扬.精品名牌的威力到底在哪里?.中国工商,1993(11):19-22.

78. 姜智彬.城市品牌的系统结构及其构成要素.山西财经大学学报,2007(08):52-56.

79. 李卓.抖音+清华发布:短视频与城市形象研究白皮书(全文).https://www.sohu.com/a/254628329_152615,2018–09–18/2019–11–16.

80. 刘作忠.中国近代的国花与市花小史.寻根,2009(03):58-64.

81. 陈冠群,江源,任丽,申晓辉.国花、市花设立现状调查与分析.园林,2012(04):76-80.

82. 韩冰,韩锋.市花等城市标志性植物对环境影响的初步研究.浙江社会科学,2014(03):90-94+158.

83. 张玉敏.城市别名异称释义.赤子(中旬),2014(02):334-335.

84. 卢盛峰,吴一平,谢潇.历史名片的经济价值——来自中国城市更名的证据.经济学(季刊),2018,17(03):1055-1078.

85. 梁梦阳.别名:应预示两岸繁荣的美好憧憬.学理论,1995(07):32-33.

86. 李蕾蕾.旅游目的地形象口号的公众征集:误区与思考.桂林旅游高等专科学校学报,2003(04):43-47.

87. Landry R, Bourhis R Y. Linguitic Landscape and Ethnolinguistic Vitality: An Empirical Study. Journal of Language and Social Psychology, 1997, 16(01): 23-49.

88. Shohamy E, Waksman S. Linguistic Landscape As an Ecological

Arena: Modalities, Meaning, Negotiations, Education. Shohamy E, Gorterd. LinguisticLandscape: ExpandingtheScenery. London: Routledg, 2009: 313-331.

89. 闫亚平, 李胜利. 语言景观建设与城市形象. 石家庄学院学报, 2019, 21（03）: 50-54.

90. 胡斌. Hofstede 理论下中美旅游网站城市宣传语比较. 滁州学院学报, 2015, 17（01）: 54-57.

91. 邓建国. 时空征服和感知重组——虚拟现实新闻的技术源起及伦理风险. 新闻记者, 2016（05）: 45-52.

92. 荣浩磊. 城市景观照明的价值取向. 照明工程学报, 2013, 24（01）: 140-142.

93. 李敏. 台湾夜市自治管理的启示. 党政论坛, 2015（05）: 48-49.

94. 介的. 公共空间中的光艺术. 公共艺术, 2016（02）: 5-23.

95. 丘濂. 城市声音: 被忽略的听觉风景. 新城乡, 2016,（08）: 72-74.

96. 方园. 城市精神歌曲传播问题与对策研究. 南昌师范学院学报, 2019, 40（03）: 117-120.

97. 申铉俊, 何琦隽. 主流的诞生: 1980 年代韩国的流行音乐与城市地理. 全球传媒学刊, 2016, 3（02）: 122-129.

98. 李国棋. 声景研究和声景设计［博士学位论文］. 清华大学, 2004.

99. 宋巍. 城市形象片的表达类型与特征分析. 传媒, 2018（06）: 58-59.

100. 寇非. 城市品牌传播中的城市广告探析. 新闻战线, 2009（02）: 52-55.

101. 聂艳梅. 我国城市形象片创作现状与创作策略. 上海师范大学学报（哲学社会科学版）, 2011, 40（04）: 95-102.

102. 张吕, 易为. 城市形象的影像建构与大众传播. 中国电视, 2016（11）: 45-49.

103. 孙玮. 镜中上海: 传播方式与城市. 苏州大学学报（哲学社会科学版）, 2014, 35（04）: 163-170.

104. 宋巍. 城市形象片的表达类型与特征分析. 传媒, 2018（06）: 58-59.

105. 褚娜. 国内城市形象片创作研究［硕士学位论文］. 陕西科技大学,

2014.

106. 易中天. 城市形象片：误区与对策. 中国广告，2005（03）：24-25.

107. 甄真. 城市形象的影像话语塑造——城市宣传片创作模式读解. 当代电视，2014（03）：104-105.

108. 李鲤，田维钢. 城市形象片传播中的认同建构策略. 当代传播，2017（04）：39-41.

109. Brian D. Till, Terence A.Shimp. Endorsers in Advertising: The Case of Negative Celebrity Information. Journal of Advertising, 1998, 27（01）: 67-82.

110. Dean H D, Biswas A. Third party organization endorsement of products: An advertising cue affecting consumer pre-purchase evaluation of goods and services. Journal of Advertising, 2001, 30（04）: 41-57.

111. N. Saldanha, R.Mulye, K.Rahman. Who Is the Attached Endorser? An Examination of the Attachment-Endorsement Spectrum. Journal of Retailing and Consumer Services, 2018, 43: 242-250.

112. S. A. Jin, J. Phua. Following Celebrities' Tweets about Brands: The Impact of Twitter-Based Electronic Word-of-Mouth on Consumers' Source Credibility Perception, Buying Intention, and Social Identification with Celebrities. Journal of Advertising, 2014, 43（02）: 181-195.

113. 宋玉书. 尊崇与戏谑：国家领导人"代言"广告分析. 中国地质大学学报（社会科学版），2010，10（04）：88-93.

114. Aaker D A. Managing Brand Equity: Capitalizing of the Value of a Brand Name. New York: Free Press, 1991: 46.

115. Stephens N, Faranda W T. Using Employees As Advertising Spokespersons.Journal of Services Marketing, 1993, 7（02）: 36-46.

116. Chang J, Wall G, Tsai C T. Endorsement Advertising in Aboriginal Tourism: An Experiment in Taiwan.International Journal of Tourism Research, 2005, 7（06）: 347-356.

117. C.Amos, G.Holmes, D.Strutton. Exploring the Relationship between Celebrity Endorser Effects and Advertising Effectiveness: A Quantitative Synthesis of Effect Size. International Journal of Advertising, 2008, 27（02）: 209-234.

118. A.Dwivedi, L.W.Johnson, R.E.Mcdonald. Celebrity Endorsement, Self-Brand Connection and Consumer-Based Brand Equity. Journal of Product & Brand Management, 2015, 24（5）: 449-461.

119. 何浏, 王海忠, 朱帮助, 田阳. 名人多品牌/产品组合代言溢出效应探析——一项基于网络外部性视角的研究. 管理世界, 2011（04）: 111-121+157.

120. 贺淯滨, 许新宇. 草根代言: 文化研究视阈中品牌传播新动向. 企业经济, 2017, 36（01）: 13-17.

121. 周频. 虚拟形象代言在图书馆中的应用探究. 国家图书馆学刊, 2015, 24（03）: 85-91.

122. 张晶. 奥运会吉祥物的价值和文化功能解读. 内江科技, 2009, 29（01）: 19-20.

123. 周易, 陈双根, 王志伟, 邢秀, 海青. 基于阴山岩刻的吉祥图元素浅析. 大众文艺, 2016（02）: 59-60.

124. 陈丹丹, 阿英嘎, 胡玉梅. 奥运吉祥物的发展趋势探析. 体育研究与教育, 2013, 28（04）: 50-52.

125. 刘崇伟, 吴栎楠. 由吉祥物"鹿鹿"的设计浅谈卡通吉祥物在大型活动中的应用. 艺术与设计（理论）, 2017, 2（06）: 45-47.

126. 罗媞. 创意经济时代旅游吉祥物功能认知与价值实现探析. 资源开发与市场, 2013, 29（11）: 1224-1227.

127. 孙进. 论吉祥物在企业VI战略中的地位及设计的原则. 包装工程, 2011, 32（06）: 103-105+131.

128. 马伊茗. 吉祥物对于企业品牌建设的意义探析. 中国市场, 2017（26）: 109-110+121.

129. 曹型荣, 高毅存. 城市规划实用指南. 北京: 机械工业出版社, 2009.01.

130. 韦文英, 戴俊骋. 城市性格与城市品牌发展. 城市与减灾, 2014（03）: 34-37.

131. 耿强. 从城市定位与竞争战略看"抢人大战". 人民论坛, 2018（15）: 12-14.

132. 刘旭阳,金牛.城市"抢人大战"政策再定位——聚焦青年流动人才的分析.中国青年研究,2019(09):47-53.

133. 张克克.当前城市人才引进政策的政治经济学分析.现代管理科学,2019(02):112-114.

134. 提升城市竞争力要有人口生态观.理论与当代,2018(12):58.

135. 牛晓彦.中国城市性格:中国最具性格魅力的20大城市.北京:中国物资出版社,2005.

136. 郭俊.中国城市人性格地图.沈阳:万卷出版公司,2006.

137. 李自然.不宜冠籍贯简称"××帮".新闻战线,2001(08):59.

138. 柴寿升.我国城市节庆经济的发展研究.求实,2005(S2):113-114.

139. 黄泽存.论新时期的节庆与节庆现象.民俗研究,1993(02):28-35.

140. 周正兵.艺术节与城市——西方艺术节的理论与实践.经济地理,2010,30(01):59-63+74.

141. Heaney Joo-Gim, Heaney Michael F. Using Economic Impact Analysis for Arts Management: An Empirical Application Music Institute in USA. International Journal of Nonprofit and Voluntary Sector Marketing, 2003, 8(03): 251.

142. Getz D. Festival, Special Events and Tourism. NewYork: Van Nostrand Reinhold, 1991: 17.

143. 保继刚,楚义芳,彭华.旅游地理学.北京:高等教育出版社,1993:58.

144. 卢晓,陆小聪.旅游凝视下的现代节庆与城市形象的社会建构.深圳大学学报(人文社会科学版),2016,33(04):124-129.

145. 李映洲,江燕.会展旅游概念的重新探讨.旅游论坛,2011,4(02):13-16.

146. 会展学——世界科学之林的崭新学科——《会展学原理》新书研讨会在京举行.电子政务,2005(23):80.

147. 黄助群,林锦屏,陈莹.体验经济视角下昆明会奖旅游资源整合与开发策略探讨.云南地理环境研究,2015,27(04):36-41.

148. 李晓莉,保继刚.期望、感知与效果:来自奖励旅游者的实证调查．旅游学刊，2015，30（10）：60-69．

149. 厉无畏．建设创意城市与发展会展业．国际经贸探索，2012，28（08）：4-11．

150. 李勇军，刘海燕，黄柏青．会展产业价值链及其产业融合研究．商业研究，2016（01）：10-15．

151. 孙有智．大型体育赛事对城市品牌提升的路径研究——基于城市空间理论视角的探索．南京体育学院学报（社会科学版），2011，25（02）：80-83．

152. 朱洪军．大型体育赛事提升城市品牌的路径研究．山东体育学院学报，2010，26（10）：11-15．

153. 曹庆荣，雷军蓉．城市发展与大型体育赛事的举办．西安体育学院学报，2010（04）：399-401．

154. 鲍明晓，张林，曹可强，程林林．对加快发展体育产业的理论思考（笔谈）．成都体育学院学报，2012（07）：1-9．

155. 董杰．奥运会对举办城市经济的负面影响及对策研究．西安体育学院学报，2004，21（02）：8-12．

156. 刘东锋．城市营销中体育赛事与城市品牌联合战略研究．武汉体育学院学报，2008（05）：38-41．

157. 王健．休闲体育研究综述．云梦学刊，2010（01）：56．

158. 和立新，庞风东．从泰山国际登山节看节庆性竞赛活动的社会学特征．山东体育科技，1998（03）：61-65．

159. [美]R.J.斯蒂尔曼．公共行政学．北京：中国社会科学出版社，1989．

160. [美]尼古拉斯·亨利．公共行政学．北京：华夏出版社，2002．

161. Michael Regester. Crisis Management. New York：Random House Business Books，1989.

162. 潘知常．谁劫持了我们的美感——潘知常揭秘四大奇书．上海：学林出版社，2016．

163. 杨利慧．重视市民在保护历史文化名城中的主体地位．前线，2018（05）：84-85．

164. 定宜庄．口述传统与口述历史．广西民族学院学报（哲学社会科学版），2003（03）：2-5．

165. 张燕. 基于口述史的档案编研发展策略分析. 山西档案, 2010（05）: 19-21.

166. 张锦. 电影作为档案. 北京: 知识产权出版社, 2011: 382-385.

167. 张锦. 口述档案, 口述传统与口述历史: 概念的混淆及其成因. 山西档案, 2019（02）: 5-22.

168. 韩若画, 刘涛, 范紫薇, 刘珂凡, 赵锐. 国内外"记忆工程"实施现状综述. 档案学通讯, 2012（03）: 14-18.

169. 朱强. 城市记忆工程抢救性拍摄. 中国档案, 2014（08）: 36-37.

170. 田香凝, 刘沫潇. 新媒体时代非虚构写作的现状、问题与未来. 编辑之友, 2019（08）: 55-59.

171. 李娟. 西方记者非虚构写作中的中国城市书写研究. 未来传播, 2019, 26（03）: 14-20+109.

172. 严俊, 李昊泽. 群体心理学视角下的"网红"现象分析. 延边大学学报（社会科学版）, 2019, 52（01）: 129-136+145.

173. 王月. 抖音"网红城市"的形成机理及传播效果刍议——以西安、重庆为例. 西部学刊, 2019（02）: 103-106.

174. 裘安曼. 从 IP 的中文翻译说开去. 知识产权, 2010, 20（05）: 65-70.

175. 庄琴芳. 知识产权保护与打造传媒品牌竞争力. 现代传播（中国传媒大学学报）, 2006（01）: 146-148.

176. 肖映萱. 数据库时代的网络写作: 如何重新定义"抄袭"?. 文艺理论与批评, 2017（03）: 134-142.